光の絆

明翔
めいしょう

幻冬舎MC

光の絆

はじめに

私は「100次元光源」と直接繋がり、根源神と一体となる人間として生まれ、役目を務めてまいりました。

人生には「まさか」という「さか」があると言われていますが、その「まさか」というできごとが、これから起こります。「まさか、そんなことあるはずがない」と思われる方もいらっしゃるかもしれませんが、これは真実です。そのための準備を進めるために生まれた私は、この先日本は、世界は、人間は、地球はどのように変化、進化していくのか、ということを皆さまにお伝えしようと思い、2013年から本を出版し続けてまいりました。

私個人のことではなく、全世界に暮らす70億人に関わること、さらに、それぞれの過去や未来に関わることとですので、私が知り得たことすべてを伝えるのが役目だと思い、出版に携《たずさ》わる方々、私をサポートしてくださる方々のご協力を戴いて、今回、通算13冊目になる本書『光の絆』を世に送り出すことにいたしました。

目に見えない「光」の循環ですべてが成り立っています。

光には「善エネルギー」と「悪エネルギー」、「透明に美しく輝く光」と「黒く濁った光」があります。

人間は光エネルギーを入れる器です。人間が誕生してから永い年月が経ち、何度も輪廻転生《りんねてんしょう》を繰り返しているうちに、人間の持つ悪心が悪エネルギーを生み出し、呼び寄せ、拡散させ、地球全体を黒い光で覆う寸前まで汚してしまいました。濁らせた光を消し去って、元の状態に戻すことを「浄化」と言いますが、人間の浄化が地球の浄化に繋がります。

マイナス感情、マイナス思考が生み出した悪エネルギーで器を満たし、自らの言動で黒く濁った光を広めたままその時代を終えたことを「カルマを積んだ」と言います。悪エネルギーを拡散させる行動をとった者も、マイナス感情を後々の世にまで残した者、残させた者も、カルマを積んだことになり、罪を犯したことになります。

自ら蒔いた悪の種を、自らの努力で刈り取ろうという強い決意のもとに集まった「光の元・ライトワーカー」の働きにより、人間はもとよりカルマを積んだ地の浄化も進み、今現在は、黒い光に覆われる以前の地球、誕生した当初と同じ高い波動の地球に戻りつつありますが、まだまだ不十分です。

浄化が完了して本来の波動に戻ったところに「光源・根源の光」を注ぎ、光で満たされた時に地球はアセンションします。成長して意識レベルが上がり、愛と光に満ちた平和で穏やかな「5次元地球・5次元世界」が誕生します。

今は神々が総出で、そのための準備を進めている最中です。光の世界である「5次元」に移行するためには、皆さまご自身が努力して宇宙の真理を学び、誰もが持っている悪心を改善し、魂を重ねる器を光源・根源の光で満たさなければなりません。

「5次元」の高い波動に合わせるためには、皆さまの心身に影響する「波動調整」を乗り越えなければなりません。あまり急激に高い波動を受けるよりも、段階を経て徐々にご自身の波動を上げていく方が、無理なく光が循環していきます。

本を通して光を受け取り、少しずつ理解を深め、意識レベルを上げ、切り替えができるようにと、私は「光のみち」シリーズの本の出版を重ねてまいりました。

目に見えない世界を理解することは難しいと思いますが、本書と併せて前書「新・光の書　総集編」（幻冬舎）をお読み頂けますと、より神の世界、魂の世界が身近に感じられるのではないかと思います。

一人でも多くの皆さまが愛と光に満ち溢れる、平和で穏やかな5次元世界に移行されますことを心よりお祈りいたします。

2022年11月
創造主《そうぞうぬし》・光源明翔《こうげんめいしょう》

目次

第一章

分裂と統合

1　アセンション

統合の第一段階としてのアセンション

すべてはただ一つの偉大な光から分裂して存在しています。その光を「100次元光源の光」と言います。仮に9000億年前に分裂が始まったとします。分裂して独立したものが宇宙であり、星であり、神であり、魂であり、人間です。すべては光源の光の中に在り、すべては光源の光と繋がっています。

光源に近い次元ほど光エネルギーは強く、輝きは大きく、意識レベルは高くなっています。光源の光が届く次元として分裂の最後に誕生し、自然や人間や物質が存在できる星が、これまでは「3次元地球」でした。高次元の神から分裂を繰り返して、最後に誕生した神が「地神《ちしん》」と「地神の眷属《けんぞく》」でした。さらに、地神、あるいは地神の眷属と一体となる器として誕生したのが人間です。分裂が終わり、これからは統合に入ります。9000億年かけて分裂した光は9000億年かけて統合されます。

地球が誕生してから46億年経ちました。地球上最初の人間は、4億年前に出現しました。想像できないくらい永い年月をかけて人間も、神も、地球そのものも、数多くの経験を通して「今」

を迎えています。

統合の第一段階として、地球を「5次元」に移行させます。この切り替えを「アセンション」といいます。人間と魂と地球が成長して、古い3次元から切り替えられればこそ、実現することです。今はその準備として、古い3次元から二段階も次元の上がる地球と波長の合う人間、魂、自然、動植物、建物の見極めを進めています。新しい次元にふさわしい人間に成長するようにと、守護する神々は、一生懸命ご自身の担当する人間を導いています。

人間の歴史が始まって以来、人間は輪廻転生を続けながら永い魂の旅を続けてきました。間もなくゴールを迎えようとしています。魂が初めて生を与えられた時から様々《さまざま》な環境で様々な経験を通して、どのくらい成長できたかを見極められ、次の段階に移行できるか、もう一度やり直すか、あるいは自ら成長、進化の道を拒《こば》み、今世を最後に消えていくか……いずれかに振り分けが決まります。

アセンション後の次元の区分

人間は魂を入れる器です。魂そのものは神の段階の一番下に位置する「地神」から分裂したエネルギー体で、「地神の眷属」と言えるものですが、人間が器の部分を磨く、つまり人間性を上げることで眷属の魂が成長します。成長した肉体と一体となった魂が「光源・根源の光」を受けることで、本霊である「地神」の魂を重ねることができます。大きな役目のある者は、さらに波動を上げて「地球神」の魂を重ねなければ、役目を務めることはできません。神も「光源・根源の光」で構成されており、**「光の濃度・密度」「光の大きさ・強さ」「光の純度・輝き」**の割合によって区分されています。

アセンション後は、5次元の最下層が「人間界」となります。
人間界より上層の「5次元、6次元、7次元」が「地神の子神」の次元
「8次元、9次元、10次元」が「地神の親神」の次元
「11次元、12次元、13次元」が「地球神の子神」の次元
「14次元、15次元、16次元」が「地球神の親神」の次元
「17次元～23次元」が「宇宙神の子神」の次元
「24次元～26次元」が「光の元」の次元
「27次元から上」が「宇宙神の親神」の次元です。
人間に例えれば「35次元～39次元大奥の大元」が「頭」であり、両腕の一方が「30次元～34次

元サナートクマラ」、もう一方が「27次元〜29次元クワンオン」という「三位一体の働き」を通して、地球も人間も含むすべての星々、神々を統率しています。

明翔の役目

人間と一体となって成長するために永い道のりを歩んできた魂は「地神の眷属」であり、人間と魂の本霊が「地神」であり、たくさんの守護神に守られ、導かれながら、今日《こんにち》を迎えることができました。

神の世界は、何層にも分かれている次元の下から上までずっと繋がっています。地神に力を与えるのが「地球神」です。地神のトップに位置する神が「10次元・天照大神《あまてらすおおみかみ》」です。

宇宙に存在する数多くの星の中で、「地球」の担当を任された神が「17次元・国常立命《くにとこたちのみこと》」です。国常立命は、数多くある星々の中の「地球」という星の維持管理、運営を担当する神であり、そのために必要な働きをする「茶」の光を与えられています。しかし、「茶」一色では働きは十分ではなく、さらに高次元宇宙の光が必要です。

特に今はアセンションを目前にして、高次元宇宙から光の応援がたくさん集まっています。地球に降りて明翔の光を受け取ることで、高次元宇宙の光を持つ神々も成長します。

明翔の役目は人間と地球を5次元に導くだけでなく、地球神、宇宙神を成長させ、新しい役目を与えることでもあります。

アセンション成功のために必要な宇宙十色の光

今までの3次元地球には茶色と合わせて宇宙七色の光が必要でしたが、アセンションを成功させ、新しい5次元地球を安定させるには、さらに三色の光が必要だと判断しました。

宇宙十色の光と、担当する星と、「色の源」を持つ「宇宙神」を紹介します。

「青」の源を持つのは南十字星の神である大奥の大元
「黄」の源を持つのは金星の神であるサナートクマラ
「緑」の源を持つのはシリウス星の神であるクワンオン
「白」の源を持つのは水星の神であるカムロギ
「赤」の源を持つのは木星の神であるカムロミ
「橙《おれんじ》」の源を持つのは昴星《すばるせい》の神であるオオトノチ
「紅《くれない》」の源を持つのは火星の神であるアメノミナカヌシ
「金《ごーるど》」の源を持つのは太陽の神であるタカミムスビ

「銀《しるばー》」の源を持つのは月の神であるカミムスビ
「茶」の源を持つのは地球の神であるクニトコタチ

しかし、これは今現在の時点での話です。この先、アセンションの扉を開けるまではまだまだ宇宙は進化、成長していきますので、働きを示す色も、神に与える役目も増やしていきます。

人間特有の我と欲を捨て、「無」となって神の導きに従う者は、成長します。反対に、悪エネルギーの中で輪廻転生を繰り返してきた記憶を引きずり、いつまでも切り替えができない人間は成長できず、導いている神も離れ、古い3次元と共にいずれ消えていきます。

すべての人に必要なカルマ返し

5次元地球への切り替えは2036年に始まります。「光」は一瞬で切り替わりますが、地球そのものが落ち着くには時間がかかります。今はすでに意識の上で3次元意識と5次元意識の差ができつつあります。安定した5次元地球、5次元世界になるのは2050年からとなります。

大きなカルマを積んだ人間、悪エネルギーを生み出した人間、悪の黒い光を広めてきた人間、神への感謝を忘れ、暴走してきた人間は、光源・根源の光を受けて、カルマそのものを知るところから始まります。犯した罪に気づき、謝罪し、犠牲になった魂との和解をし、過去の過ちを成長の糧として意識レベルを上げ、これからは神の僕《しもべ》となって働くことを誓い、行動に移す人間に、5次元世界での新しい役目を与えます。役目を与えられた者は5次元世界では高い層からの出発となります。

小さいカルマは、明翔の本から出る光の中で浄化することができます。土地の浄化、場の浄化は日本から始まり、最終的に世界の浄化へと向かいます。今までは神の世界だった5次元へ、浄化できた国、地域、建物、物質、地神、地神の眷属、人間、自然、動植物が移行します。

5次元は愛と光に満ちた世界です。平和な、心穏やかな、協調性のある人間の暮らす世界です。善エネルギーが充満し、正しい神と、神意識を持つ人間が一体となって築いていく世界になります。

3次元に残るか、5次元に移行するかの見極め、振り分けは加速しています。5次元地球への切り替えができた人間の魂は、永遠に成長するチャンスを与えられます。新しい世界に移行したい気持ちはあっても、気持ちだけでは十分とは言えません。本から光を受け取り、理解を深め、過去世においてカルマの原因となった悪心の改善に努めることが、すべての人間に必要なことです。

過去の総清算のために生まれた人生であり、このことに気づいた「今」から行動に移さなければ、残された時間に輝きを取り戻すことはできません。努力は自分のため、一体となっている魂のため、本霊のため、本霊と繋がる高次元宇宙のため、永遠の幸せのためです。「気づいた時には、もう遅かった」ということのないように、願っています。

光の元・ライトワーカーの役目

特に大きな役目のある「ライトワーカー」は、役目によって「宇宙神」とも繋がり、その光を運ぶ必要もでてきます。

肉体を高次元波動に合わせる調整は、並大抵の精神力では及ばないほど厳しいものがあります。明翔が「光の元」と共にアセンション準備をはじめてから15年になり、数多くの人たちと接してきましたが、肉体に影響する波動調整のつらさに耐えられずに明翔との繋がりを自ら断った者もいます。2023年現在で、明翔と行動を共にして働く「光の元」は孝さん、珠美さん、あかねさん、謙さんの4人ですが、役目もいくつかに分かれているので、本人の自覚なく働いているライトワーカー、まだ出会っていないライトワーカーもたくさんいます。

「光の元」の次元から降ろされたライトワーカーは、魂の根の部分に「光源・根源の光」が埋め込まれています。明翔をサポートしてアセンションを成功させるために働くことを自ら決めて生まれた人たちです。成長のための修行として人間の記憶は消されていますが、守護神により、たくさんの気づきを与えられています。一体となっている魂はほぼ100パーセント覚醒していますが、人間の覚醒はあと一歩というところです。

わかっていても一歩踏み出す勇気のない方は、本書を手にした時をチャンスとして行動を起こしてください。明翔は、2035年までにアセンション後の「光の元」の立ち位置、役目を決めます。ご自身の器に「光源・根源の光」が浸透する割合で、5次元の高い層に生まれ変わり、大きな役目を与えられます。神に最も近い人間として5次元世界をリードしていく人間になります。

大きな役目のある人ほど大きなカルマを積んでいると言っても過言ではありません。まずはカルマを返し、器をクリアにしてから明翔の光を注いで器を成長させ、大きな力のある神々と繋げなければ、来世の立ち位置を決めることができません。最も神に近い人間になるには課題も多く、試練も大きいということを理解して欲しいと思います。

2　光の配分

神々が管理する「星」と光の配分

人間は、波動の高い高次元の神からすればちっぽけな存在かもしれませんが、そのちっぽけな人間がいなければ神々は成長できません。人間は神々の成長に貢献できる偉大な存在なのです。「第一章の1」に書きましたが、高次元の神々にはそれぞれご自身の担当する「星」があります。地球をはじめ、すべての星を維持、管理、成長させるには「十色の光」が必要です。必要な光の配分によって、星々も神々も人間もバランス良く働くことができます。

クニトコタチの管理する「地球」は主体となる「茶」が8割、それ以外の九色が2割という光の配分でバランスを保つことができます。

カミムスビの管理する「月」は主体となる「シルバー」が8割、それ以外の九色が2割という光の配分でバランスを保つことができます。

タカミムスビの管理する「太陽」は主体となる「ゴールド」が8割、それ以外の九色が2割という光の配分でバランスを保つことができます。

アメノミナカヌシの管理する「火星」は主体となる「紅」が8割、それ以外の九色が2割という光の配分でバランスを保つことができます。

オオトノチの管理する「昴星」は主体となる「オレンジ」が8割、それ以外の九色が2割という光の配分でバランスを保つことができます。

カムロミの管理する「木星」は主体となる「赤」が8割、それ以外の九色が2割という光の配分でバランスを保つことができます。

カムロミの管理する「水星」は主体となる「白」が8割、それ以外の九色が2割という光の配分でバランスを保つことができます。

クワンオンの管理する「シリウス星」は主体となる「緑」が8割、それ以外の九色が2割という光の配分でバランスを保つことができます。

サナートクマラの管理する「金星」は主体となる「黄」が8割、それ以外の九色が2割という光の配分でバランスを保つことができます。

大奥の大元の管理する「南十字星」は主体となる「青」が8割、それ以外の九色が2割という光の配分でバランスを保つことができます。

人間は「小宇宙」……器の部分に宇宙十色を、成長に応じた配分、配合をされて自分自身も、魂と連なっている神々も波動を上げることができます。光の配合に伴う波動調整は避けることはできませんが病気ではないので、和らげる工夫をしながら果敢に乗り越え、気づきの糧《かて》、成長の糧にして欲しいと思います。

循環しながら永遠に成長し続ける光

光そのものの「光源・根源」と、「宇宙神、地球神、地神、地神の眷属、魂」は縦方向の各層の繋がりがあり、さらにそれぞれの次元では横方向に各層の繋がりがあり、光源・根源から発せられる光は、螺旋《らせん》状にすべての次元のすべての層を通って人間界に注がれます。また人間と一体となって意識レベルを上げて力をつけた波動は、今度は下から上へと上昇していきます。これが「光の循環」です。循環しながら、光は永遠に成長し続けていきます。

寿命がきて肉体は死んでも魂は永遠に続き、成長を目指す……ということを理解して頂きたくて、前著『新・光の書 総集編』（幻冬舎）には、役目を終えてすでにこの世を旅立った「光の元」のメッセージを記載してあります。

本書でも「第二章」に魂のメッセージを載せましたが、次の項（「第一章の3と4」）では、肉体を持って明翔と繋がり、この世での役目を終えて「光の国」に帰り、光の国でやり残した学びをすると共に、毎日届く明翔の祈りによる「光源・根源の光」を浴びて一足先に本霊の元に帰り、さらに成長した光をこの世で働く縁ある魂の仲間に送ってくださっているお二人を、紹介したいと思います。

3 「光の国」から光を送り続けている人

(1) 直人《なおと》さんの場合

直人さんとの出会い

昭和30年生まれの直人さんからメールを頂いたのは、2018年8月3日のことでした。「書籍『光の書』を読ませて頂いております。当方、肺閉塞症のため日々息切れに悩まされております。何とか抜け出す道を見いだしたくてメッセージさせて頂きました。2018年2月に肺炎で一カ月入院、それが引き金となって肺がしぼむ症状がずっと続いています」と書かれてありました。

直人さんは宮城県仙台市にお住まいの方でした。入院もしていた大学病院に通院して、治療を受けながら仕事を続けていましたが、体への負担が大きく、同僚の方々に迷惑をかけては申し訳ないと、2019年3月で退職し、家で療養を続けながら、明翔の「光のみち」を熱心に歩む毎日となりました。

「私自身のことを申し上げると、長い間信仰の道を歩んでまいりました。今、自分が人生の岐路に立っているような気がします。このまま続けてよいものか迷っております」。

(直人さんの悩みについて、根源神から『信仰についての迷いは、今のものと決別すべきことを示している。』というお言葉を戴きました)。

「もともと体は丈夫な方ではなかったのですが、今回のことは偶然ではなく、自分自身が前世で積んだ不徳によるものだと思っております。今、できることは、自分が原因でつらい想いをした方に懺悔《ざんげ》すると同時に、心から生き方を変えていかなければならないのだと思っております。

この時期に明翔様のご著書「光の書』「光の道」と出会っております。生きる希望と日々の自己の反省をする上での指針を示してくれました。

また、ご著書にある神様の存在、神様の世界の複雑さ、過去の時代のことなど、非常に驚きの連続でした。まだまだ自分の知らない世界があると思いました。ご指導頂いて、明翔様、根源神様とご縁ができたことに感謝いたしております」。

根源神から戴いたお言葉。

『肺の病《やまい》は過去世の表れである。肺結核で亡くなった直人の過去世を教えている。同時に、呼吸は「気」を吸う。気の滞《とどこお》りを取り除き、神との繋がりを求めるように、とのこと。精神世界に目覚めるのは、魂の求めである。「役目に目覚めよ」ということである。目覚める用意ができたから、このみちに繋がることができた。「知らない世界」は、過去世を含めた魂の記憶を思い出すことで知り得てくるものである。直人は、多くの神々の導きと守りがあって光にたどり着くことができた。父方、母方の先祖に、多くの血を流す歴史があった。その記憶は、今世浄化するために残されているもの。今後カルマ返しが必要である。』

直人さんは、その後『光の記』を読んでの感想も送ってくださいました。

「日々、明翔先生のご著書『光の記』を読ませて頂いております。多くの気づきを与えて頂ける本です。何度も助けられております。感謝申し上げます」。

ブータンへ～光の旅

この頃、明翔の元に孝《たかし》さん、晴《はる》さん、珠美《じゅみ》さん、あかねさん、謙《けん》さんが集い、日々波動調整を受けながら力をつけ、浮かび上がるカルマに浄化の祈りを捧げる毎日になっていました。最も古い魂を持つこの5人は、当然のことながら、直人さんとも過去世で深い関わりを持っています。全員宛の「メール指導」を通して仲間の魂の交流が進み、少しずつ直人さんの過去世のカルマが浮かび上がってきました。

そのような時に、明翔とこちらの仲間は、ブータンに光を届けることになり、2019年10月5日に日本を発《た》ちました。旅については直人さんにも知らせてあったのですが、私たちが日本を出発した日に酷《ひど》い発作が起き、救急車で入院し、12月の末に旅立たれました。最後にメールを頂いたのは10月4日でした。「無事にブータンでお役目を果たすことができるよう願い、自分も毎日祈ります」という内容でした。この翌日に緊急入院となったのです。

6日間の旅から帰国後、留守番電話に直人さんから「先生、先生、先生、先生……」と光を求める声が録音されていました。すぐに電話を掛けましたが、繋がりません。

その後、何度も直人さんの携帯電話に掛けても、ご自宅に電話を掛けても繋がらず、メールも繋がらず、私のできることは、祈りにより光を送り続けることだけでした。

先程お話ししましたが、明翔と仲間がブータンへ光の旅をしている間に直人さんが他界されたと知ったのは、ずっと後《あと》のことでした。

この当時、こちらの仲間にも次々とカルマが浮かび上がるようになり、日々祈りによるカルマ浄化を進めていましたが、同時に、直人さんが関係するものがいくつも浮かび上がっていました。その中の一つ、フランスのルイ16世とマリー・アントワネットの間に生まれた男の子が直人さんの過去世の一つだということがわかり、その時のカルマに関しては仲間皆と一緒に祈るように、メールで直人さんに知らせ、日時を合わせて祈りを上げて頂いたのですが、それが最初で最後のご自身でのカルマ浄化の祈りになってしまいました。

沖縄へ～光の旅

年が明けた2020年1月17日、18日にこちらの仲間と5人で、沖縄に光の旅をしました。

役目を終えて帰宅した日の15時半頃、仲間の珠美さんから電話が入ったようです。携帯電話の着信記録を見て、私の方から電話を掛けました。ところが、「電話していません」と言うのです。

これは何かあると思い、そのまま神籬《ひもろぎ》をお願いして、70次元根源神をお呼びしました。神籬とは、明翔と根源神との通訳の役目をする者のことです。

根源神『直人のことだ。まだ光の国に行けていない。今は黄泉《よみ》の国にいる。あと少しで光の国に入れる。だから繋ぐ必要があった。』

後《あと》から後から浮かび上がるカルマ浄化とその祈りをこちらの仲間に指示することに追われて、直人さんに関係する浄化の祈りがまだ、たくさんあったことに気づきました。先ほどお話ししたように、直人さん本人が祈ったのは一つだけでした（2019年9月28日から3日間）。

その後、体調が思わしくなく、こちらの仲間が、直人さんの代行の祈りをいくつか上げていましたが、それ以外にもたくさん浮かび上がっていました。早速、沖縄から帰宅した翌日から、新たに、直人さんの代行の祈りを始めてもらいました。

直人さんの代行の祈り

仲間の皆さんが捧げた、直人さんの代行の祈りは次の通りです。

・第二次世界大戦直前のタイでのカルマ
・古代、日本国創成の頃のカルマ
・4億年前のカルマ①
・四谷怪談で示されたカルマ
・アメリカホピ族の時のカルマ
・サウジアラビアで窃盗団だった時のカルマ
・日本の東北地方港町でのカルマ
・アメリカで医師だった時のカルマ
・ベトナム戦争の時のカルマ
・天武天皇だった時のカルマ
・臓器密売に関わるカルマ
・中世ヨーロッパ黒魔術に関わるカルマ
・スペインで騎士だった時のカルマ
・宮崎県青島でのカルマ

・弥生時代に渡来人《とらいじん》として上陸した時のカルマ
・1900年初頭アメリカ人だった時のカルマ
・4億年前のカルマ②
・エジプト王朝紀元前2000年頃のカルマ
・ヨーロッパで自動車修理工場経営家族だった時のカルマ
・12世紀フランス王室でのカルマ
・近世医学会でのカルマ
・15世紀朝鮮王朝でのカルマ
・新潟県海沿いの町でのカルマ
・**インドネシア　バリ島でのカルマ**
・インカ帝国を侵略したスペイン人だった時のカルマ
・1800年代初頭ドイツでのカルマ

まだまだあります。
直人さんの魂に光が浸透して、カルマが浮かび上がった順に祈りを進めました。「スペインで騎士だった時のカルマ浄化の祈り」は、2020年7月27日から3日間、仲間が代行で、謝罪、和解、浄化の祈りを上げました。

直人さん自身の夢で浮き上がったカルマ

カルマの浮き上がりは、今の時点では、仲間の珠美さんの夢で教えて頂くことが多いのですが、たった一度だけ、生前に、直人さんご自身の夢で浮かび上がり、そのことをメールで報告してくださったことがあったので、そのことを紹介いたします。代行の祈りの項目の中で、太字で書いた部分です。

2019年4月30日
「光源明翔先生、日々ご指導頂きありがとうございます。私事、4／29日の夢についてご報告致します。
津波で人を救うことが出来なかった人達の一団が海の浅瀬を歩いて一方向に向かって歩いてい

る。向かう先はその罪を償う場所のようだ。乳飲み子を抱いた母親、外人女性も見受けられる。また懺悔する人の姿も見受けられる。自分はその光景を見て可哀想になり、涙が溢れてきた。自分の後ろで亡き父親もその光景を一緒に見ている。場所は南の国の島のようでした。以上ですが、身内に津波で亡くなった方はおりません。

ご報告申し上げます。ありがとうございます。直人」。

このメールを受け取ってすぐに根源神にご報告しました。

根源神『台風と大きな津波に呑み込まれた地。南国、ヤシ、漁をする環境。外国人。色、浅黒い。背はそれほど高くない男性。半袖、半ズボン……罪を背負い、その重さに成仏できず、行くあてもなく、ただひたすら歩き、さまよう者。中には自分が死んでいることに気づいていない者もいる。浄化の光を受けなければ上がることはできない。直人と関係ある魂。直人の祈りを待つ者たち。直人が上がれば、救われる機会を得る。』

カルマの浄化（直人さんの背景と祈りの言葉）

さらに詳しく、直人さんの背景と祈りの言葉をお伺いしました。

背景：

『19世紀初期のインドネシアバリ島でマグニチュード9クラスの地震により、大津波が発生した。直人は原住民だった。外国人観光客の女性は、晴とあかね。漁村の村長が孝。赤子を抱いた婦人は珠美。すべてが無防備状態で被害にあい、一瞬にして1200余名の死者を出した。

バリ島の一漁村で村長の孝は、急な地震に不意をつかれた状態で外に出て、村民に警告を出し、避難するように告げた。原住民の直人も、村長と同じように避難誘導の仕事をした。しかし、夜中だったこともあり、避難できなかった者が多かった。まもなく大津波が押し寄せ、村ごと呑み込まれた。

村長は最後まで行動したが、津波に呑み込まれた。直人は高台に誘導した住民の一部と共に助かった。夜明け近くであったので、高台からは津波の様子と、津波に呑み込まれて流されていく人々や建物がよく見えた。外国人女性観光客の晴、あかね、また、赤子を抱いた婦人の珠美も、呑み込まれていったのが見えた。直人は高台に避難できた父親共々、津波の被害を受けていく人々や建物を見つめるしかなかった。

直人は、地震が収まったあと、毎日のように高台で見た時の光景を夢にまで見て、供養を誓った。夢で見た光景は、亡くなった人々の魂が海岸線の光を求めて一丸となって歩み、浄化されることを願っていた。中には、亡くなるまでの生活で罪を犯したことへの懺悔、謝罪する魂がいるのも、よく見えた。』

この時期、直人さんは、まだ祈りを上げるだけの力はついていなかったので、いずれ仲間と共に祈る時がきたら捧げてもらおうと、準備はしてありました。祈りの言葉はお伺いしてありました。

祈り‥

『19世紀にバリ島で大規模地震と津波が発生し、一瞬にして1200名余りの犠牲者を出しました。漁村の村長であった孝、観光客の晴、あかね、生まれたばかりの子を抱いた珠美は、いずれも津波の犠牲者となりました。直人は父と共に高台に避難して無事だったが、亡くなった大勢の村人たちや観光客の姿を、夜明けの海に見ることになりました。

ここに、創造主・光源明翔先生の光のもと、次のように祈ります。原住民であった直人は、大規模地震が発生した時に、一部の村民たちと高台に避難して救われたが、眼下の犠牲者になった人々を救えなかったことへの念を残しました。その念を謝罪し、亡くなった孝、晴、あかね、珠美に対する和解ができますように祈ります。

村長の孝は、地震発生以来津波に遭遇するまでは懸命に村民を山に誘導してきたが、津波に呑み込まれ、その時に念を残したことを謝罪し、直人、晴、あかね、珠美と和解できますように祈ります。

晴、あかね、珠美は突然の津波に対応できずに呑み込まれ、恨《うら》み、怨念《おんねん》を持って世を去ったことを謝罪し、直人、孝との和解ができますように祈ります。』

結局、ご自分で祈ることはできず、旅立たれた一カ月ほど後に、仲間の皆さんが直人さんの代行の祈りを上げることになりました。それぞれが念を残したことを謝罪し、和解の祈りを唱え、それぞれのカルマと共に直人さんのこの時に積んだカルマの浄化をすることができました。

その後も浮かび上がった順に直人さんのカルマ代行の祈りを上げ、一区切りつけることができました。直人さんも含めた仲間がこの時に持った悪エネルギー、濁った光を消し去ることもでき、当時犠牲になっていまだに上がれていなかった多くの魂を救い上げることができたことを確認したのが、5月25日のことでした。

亡くなった直人さんからのメッセージ

それから3日後に、不思議なことが起こりました。

２０２０年5月28日、起床してすぐに携帯電話を見たら、夜中の0時31分に非通知着信がありました。
翌朝7時半に電話で神籬をお願いしている珠美さんを通して、このことを根源神に報告して、戴いたお言葉です。

『直人からである。「明翔先生、ありがとう。やっと上がれました。仲間の皆さまありがとうございます。お陰をもって、この場で皆さまと共に頑張らせて頂きます。よろしくお願いします。今は、すっかり解放された状況にあります。最期《さいご》まで導きを頂けましたこと、感謝申し上げます」。』

待ちに待った、直人さんからの喜びの声でした。生前は、素直に、謙虚に光を受け入れ、真っ直ぐに「光のみち」を歩んでくださっていました。
入院して連絡が取れなくなってからも、神籬を通して根源神から直人さんの状態は伺っていました。明翔は、最初にメールを頂いた２０１９年４月30日から絶やすことなく光を送り続けていました。

根源神からは『もう、人間の意識はないが、苦しみもない。穏やかに横になっている。魂は輝いている。魂が帰りたがっている。入院した日、ベッドの上で、朦朧《もうろう》とする意識の中で、光を求め続けたのだ。』というお言葉も戴いていました。

亡くなってからも、ずっと光は送り続けています。「光の国」とは5次元の幾つにも分かれている中の、一番下の層にあります。肉体がなくなった今は、魂にストレートに光が届きます。魂が光を蓄えて、さらに高い層に向かい、光の世界からこの世に光を送り、アセンション成就《じょうじゅ》の後押しをしてくださることは間違いありません。

直人さんから感謝のメッセージを頂いた一カ月後、２０２０年6月27日に珠美さんが夢を見ました。「肩まである長髪の細い男性からメモを渡された」という夢で、翌日根源神にご報告しました。

『夢に出てきた長髪の男性は直人である。メモには「目先にとらわれることなく、全体を見据えた動きをするように。考え方は一つではなく、幾通りもあることを知るとよい。遠回り、近道あるが、それは必要あっての道の選択である。導きに従って前進するのみである」と書かれていた。』

実際に珠美さんと直人さんが会ったことはありませんが、明翔による仲間全員宛の「メール指導」を通しての交流は一年間ほどありました。

生前やり残したカルマ浄化が進み、直人さんの魂は黄泉の国から上がって、「光の国」に入り、さらに続くカルマ解消と積極的に明翔の光を浸透させることで、この頃では6次元に上がるようになっていました。

肉体は死んでも魂は続きます。直人さんに限らず、「光の国」に入れた魂は、そこで自分の人生を振り返って反省すべきところに気づき、謝罪と和解、浄化を進め、日々送られる「光源・根源の光」を受け取って光を蓄えれば、次なる役目に向かって歩を進めます。

光の元・誠さんとの出会い

2020年6月に「光の元」との出会いがありました。偶然ということはありません。すべて、アセンションにタイミングを合わせての出会いです。

「光の元」は、誠《まこと》さんと言います。誠さんの魂にはメールと電話を通して光源・根源の光が浸透し、誠さんと仲間に関わるカルマがいくつか浮かび上がってきました。直人さんに関わるカルマも浮かび上がりましたので、紹介します。

1800年初めのドイツでのカルマです。この時代、誠さんの父親が直人さんで、母親が謙さん、誠さんの妻があかねさん、誠さんに仕えていた侍従が晴さん、誠さんと確執のあった者が珠美さん、その部下が孝さんということがわかりました。直人さんと誠さんの代行で仲間が祈りを上げました。この祈りにより、直人さんの魂はさらに浄化され、6次元での層を上げることができました。

生前、直人さんは学びを通して、自分の暮らす宮城の地を浄化すること、守ることが役目だと気づきはじめていました。元気になって明翔や仲間と共に必要な場所に光を届けることを心待ちにしていました。残念なことに肉体を持って役目を務めることはできませんでしたが、明翔の光を浸透させ、縁ある魂を持つ仲間との繋がりを太くして魂に戻りました。

明翔と仲間は、刻々と切り替わる状況の中で、その時に最も浄化の光を必要としている所に行き、祈りを捧げています。

出羽三山、最上川および宮城県へ～光の旅

2020年7月には山形県羽黒山を中心に、出羽三山、最上川に浄化の光を届けました。帰宅後、次は宮城県に光を届けるよう指示されました。明翔に同行する「光の元」が決まり、列車の

手配、ホテルの手配を済ませたある夜、直人さんから連絡が入りました。

7月30日から31日にかけての夜中3時20分に、明翔の携帯電話に非通知着信がありました。翌朝神籬を通して根源神にご報告しました。

根源神『直人からである。「よろしくお願いいたします」と言っている。当日は珠美の魂に重ねて、直人の魂も同行する。』


8月13日、14日の旅でした。一日目に石巻周辺をまわり、2011年3月11日の震災による慰霊の祈りを上げ、二日目には仙台市内、青葉城を始め6つの神社、寺に浄化の光を届けました。多くの魂を救い上げることができ、仲間はもちろん、直人さん自身の魂の浄化も進み、直人さんは、さらに6次元での層を上げることができました。

神界にいる直人さんの「光の立ち位置」

どの次元にもたくさんの「層」がありますが、直人さんの場合、その後も浮かび上がる3次元世界で積んだカルマを仲間の代行の祈りで浄化し、2020年12月の時点では6次元の最上層にまで魂がアセンションしました。人間であった時とは違って、思考と感情を使わず、本来の素直で謙虚な直人さんの魂には、明翔の送る光が真っ直ぐに届きます。直人さんの魂を導く宇宙神もいます。その神とは、働きとして「オレンジ」の色を持つ21次元昴星《すばるせい》の「大宇宙大和神《おおとのちのみこと》」です。魂の仲間である珠美さんの夢に入ってメッセージを伝えるように指示を出したのは、オオトノチであり、直人さんは、この星の持つ「希望」を表す「オレンジの光」を託されました。

こうしたことを、今、皆さまにご理解頂くのは難しいかと思いますが、今世はアセンションの振り分けと同時に、役目のある「光の元」は、何万年か何十万年かの地上での役目を務め上げて、いよいよ魂の本霊の元に帰る機会を迎えました。

「光の元の次元」から降ろされた人間の今世の課題は、今世を最後に魂の親である「地神・本霊の次元」に帰ることです。本霊の元に帰っても、独立して光源明翔の光を受けた魂は、さらに日々送られる光源明翔の光を蓄えて力をつけ、新しい役目を担《にな》うことができます。

直人さんの魂は魂の親である「本霊」の元に帰り、さらに魂を光源の光で満たして力をつけ、新しい役目を担って上昇を続けています。地上での役目から神界での役目に切り替わりました。今は、地球上の人間も、魂に戻った人間も、力を合わせてアセンションを成功させるために働かなければならない時です。

「光の元」の魂の親は「地神」ですが、地神と繋がり、守護し、導く「宇宙神」がいます。地球のアセンションを成功させるには、宇宙からのたくさんの光が必要です。直人さんは、「光の本霊」とも言える宇宙神「オオトノチ」から送られる「オレンジの光」を中継して、地球に注いでくださるようになりました。

オオトノチの持つオレンジの光は「未来、希望」を象徴しています。今現在の直人さんは6次元神界で力をつけて昴星の光と繋がり、地球アセンションに必要な「オオトノチの光」を、地上のご自身と縁のある魂、魂のグループの人間に注いでくださっています。光は分散されますので、繋がっている人間は一人ではありません。同じグループの役目があるたくさんの人間に光は分配されます。

例として挙げると、明翔の家のリフォームをお願いしている職人さんがいますが、この方は直人さんと同じ魂を持つ方で、同じ魂のグループと言えます。光は肉体への移し替えをすることができます。直人さんと同じ魂の仲間であるこの方に、明翔の光の守りの中で光を移すことができました。2020年12月14日のことです。

それ以来、ご本人は自覚なく無意識であっても、リフォームの仕事で出かける場所、接する人に宇宙からの新しく、美しく輝くオレンジの光を届けてくださっています。

神界にいる直人さんには「光の立ち位置」を決めました。21次元―8番目オオトノチに位置づけました。まだまだ成長する魂です。

年が明けた2021年1月3日22時20分に非通知着信がありました。根源神にお伺いしたところ、『直人からのメッセージである。光の位置づけに感謝している。』とのことでした。

カルマ浄化終了後の魂は5次元人間として生まれ変わる

このように書くと、自分は今世を最後に神になるのだと誤解する人がいるかもしれないので、ひと言つけ加えておきます。

皆さんは、組み合わせの決まっている魂の親である地神から分裂した3次元の魂（いわば地神の予備軍と考えてよいのですが）と一体となって、過去の幾つもの時代を生きてきました。経験を重ねてきました。

今世、カルマ浄化が終了し、明翔の注ぐ光源・根源の光を十分に浸透させることができた魂は、肉体が死を迎えた時に一度地神の元に帰り、再び魂の成長を目指して5次元人間として生まれ変わってきます。このことを是非とも理解してほしいと思います。

4　「光の国」から光を送り続けている人

（2）Tさんの場合
生前から積極的に光を求めていたTさん

明翔の役目をとても理解し、色々な面で力になってくださったTさん（50歳代後半の男性）が急死されたのは、２０１９年8月末のことでした。最後にお会いしたのが、亡くなる2カ月前の6月27日でした。そして、最後に電話で話したのが8月8日でした。

その年の12月24日21時36分に非通知着信がありました。魂の伝言であると直感した明翔は、翌朝、仲間の珠美さんに電話で神籬をお願いしました。

根源神『Tからのメッセージである。「明翔先生の祈りと願いは神界各層、それぞれの次元に届いています。人間として肉体を持って果たせなかった夢、明翔先生の光を未来に繋ぐという役目を、こちらで務めさせて戴きます。

明翔先生に封印を解いて戴き、解放され、身軽になって本霊の元に返ることができました。今は、光溢れる世界におります。自分がやるべき仕事を託した者たちが覚醒して、働き始めるように力を貸します。働かせて頂きます。いつも、光源明翔先生の懐《ふところ》にあります。今後ともよろしくお願いいたします」。』

Tさんは珠美さんたち仲間と同様、人間としては最も古い時代に生まれています。具体的に言うと、6次元地神の魂と一体となって、数多くの時代を生き抜いてきました。

「光の元」であるTさんと初めてお会いしたのは2017年6月のことでした。それ以前から光は送っていましたが、受ける側Tさんの気持ちが前向きで、積極的に明翔の光を求めていたため、光が浸透する量も速度も他の人たちより何倍も大きく、速かったのだと思います。

私の元に集った4人の仲間と関わりのあるTさんのカルマが、生前に一つ、ご逝去されてからもいくつか浮かび上がり、仲間が代行で祈りを上げています。そのお話をしたいと思います。

カルマの浄化（Tさんの背景と祈りの言葉）

Tさんがお元気に活躍していた2019年7月11日、朝7時半から仲間の珠美さんに電話神籬を務めて頂いている途中に、突然、電話着信音が鳴りました。表示にはTさんの名前が出ています。こんなに朝早く電話があるのは、急用に違いないと思い、一旦珠美さんとの電話を保留にして、Tさんの電話に出ました。

すると、Tさんは、「電話していない」と言うのです。「何かで電話が混線したのでしょう」というこことになり、Tさんとの電話を切りました。そして、保留にしておいた珠美さんとの電話に戻り、根源神をお呼びして、このことについて、どういう意味があるのかお伺いしたところ、『今朝珠美が見た夢は、仲間もTも関係ある過去世のカルマの知らせである。浄化代行の祈りをするように』というお言葉を頂きました。

背景①

『第二次世界大戦における日本とオランダとの戦争中のできごと。日本がオランダ領のインドネシアを攻撃し、中心のジャワ島を日本軍が占領した。日本軍はオランダ軍人6万人以上、原住の民間人を含め、9万人を捕虜にした。オランダ軍人の一部を長崎に送り、原爆の被爆にあわせた。オランダ人女性を慰安婦とした。その他、多くのオランダ兵士、ジャワ原住民の命を犠牲にした。オランダの恨み、怨念は平成の初期まで続いた。

日本軍司令官は孝、オランダ軍司令官はT、珠美の職場の同僚M、V、S、と珠美はオランダ軍人、原住民の女性は晴とあかね。

オランダ軍司令官Tをはじめとして軍人、原住民は日本軍の攻撃で形勢不利となり、皆が、助かるために原住民となりきる装いをして、逃亡の準備をした。身につけていた軍服、武器は一カ所に集めて隠した。

暗闇の中、密林地帯を迂回して逃亡した。だが、途中からTはいなくなり、一人助かるために皆と離れ、武器を取りに行ったことがわかった。他の者は、先頭に立つ者がいなくなり、途方にくれた。珠美は唯一、逃亡して助かる道を知っていたので、皆に知らせ、その道を一気に走って海岸線の自国の戦艦が待つ所にたどり着き、救助された。

Tは、日本人の捕虜となった。珠美が皆の命を救った。8月4日、5日、6日の三日間、朝晩、祈りを上げるように。浄化代行……4人で祈ることで、Tをはじめとして、そこに関わった多くの魂が浄化される。』

祈り①

『第二次世界大戦突入で、日本は、インドネシアでオランダとの戦争に突入した。ジャワ島で日本軍司令官の孝は、攻勢をかけ、有利な立場となり、多くの犠牲者を出しながら、一方では多くのオランダ軍はじめ原住民を捕虜とし、苦しみを与え、オランダ人女性の一部を慰安婦ともした。これら、大きな罪を犯した。

オランダ軍司令官Tは軍人であった。原住民を共に助けるために逃亡するも、途中から裏切り、一人で逃亡した。部下、原住民を犠牲に追いやる罪を犯した。

Mをはじめ、V、S、珠美はその時の日本軍およびTへの恨み、怨念を残してきた。

原住民であった晴、あかねはオランダ軍に助けられたとはいえ、日本軍およびオランダ軍、そしてTへの恨み、怨念を残した。

ここに、創造主・光源明翔先生の光のもと、孝は大罪を詫び、謝罪し、和解を祈ります。

Tはオランダ軍の司令官として犠牲者を出し、部下、原住民を裏切った罪を謝罪し、和解を祈ります。

珠美、晴、あかねは、日本軍に対し、さらにはオランダ軍司令官Tへの恨み、怨念を残した罪を謝罪し、和解を祈ります。』

Tさんのもう一つのカルマ

Tさんのカルマはもう一つ浮かび上がっています。この時は、仲間の晴さんの夢で知らせて戴きました。

背景②

『紀元前3世紀頃のスペインはローマ人に支配され、ローマ帝国の配下に置かれていた。戦争によるローマ帝国の領土拡大に伴い、多くの戦争捕虜をローマ帝国は手に入れた。戦争捕虜は剣闘士として育成され、大きな円形闘技場で多くの民衆、貴族を前にして、見せしめとして剣闘士同士の競技をさせられた。多くの剣闘士が犠牲となった。

当時の皇帝たち、政治家たちは、この闘技場での催し物を民衆に対するプロパガンダ（宣伝）として使い、政治力の誇示に使った。

紀元前70年に奴隷蜂起事件があり、剣闘士スパルタクス〈過去世の孝〉が、捕虜となっていた剣闘士を脱走させ、総数12万人が反乱を起こした。反乱軍に捕らえられたローマ軍兵士に剣闘士同士の試合を強いた。2年後に、スパルタクス軍は初代皇帝アウグストゥスに制圧され全滅した。

紀元1世紀頃には一度の競技に千人単位の剣闘士を揃えて競技を行い、多くの命を粗末に扱った。

時代は紀元後1世紀頃に、第5代皇帝ネロ〈過去世のT〉が皇帝在職中に、剣闘士競技の他に戦車競技も加えて、残虐な競技をさせた。貴族たちも皇帝のまねをして、剣闘士団を組織するほどになった。

ネロが剣闘士競技を見物する時は必ず、妻オクタウィア〈過去世の晴〉が同席して、競技内容にも口出しをし、剣闘士の選択、処刑も提案していた。ネロはそれに従うことがあった。ある日、奴隷の剣闘士〈過去世のあかね〉が競技に敗れ、命乞いしたが、妻オクタウィアが指示を出して処刑した。

ネロは紀元後68年に、交替した皇帝アウグストゥス〈過去世の珠美〉に追放され、逃亡して自殺した。』

祈り②

創造主・光源明翔先生の光のもと、次のように祈ります。

『スパルタクス〈過去世の孝〉は、紀元前1世紀にローマ帝国の奴隷となり、大勢の奴隷と共に過酷な労働につかされていた。剣闘士に選ばれ、命令により、剣闘士の競技に出た。その後、皇帝に対して反乱を起こし、大勢の奴隷を犠牲にしながらローマ軍と戦った。

2年後に初代ローマ皇帝アウグストゥス〈過去世の珠美〉に制圧され、全滅し、自らも死にいたった。多くの剣闘士、敵軍の兵士の命を奪った。ここに、その罪を謝罪し、珠美と和解できますようにお祈りいたします。

初代ローマ皇帝アウグストゥス〈珠美〉は、多くの反乱軍の兵士の命を奪い、スパルタクス〈孝〉の命をも奪った。その罪を謝罪し、孝と和解できますようにお祈りいたします。

ローマ帝国で奴隷を剣闘士に育て、プロパガンダの道具として利用した、第5代ローマ皇帝ネロ〈T〉は、冷酷な独裁者であり、剣闘士の扱いも、どの皇帝よりも厳しいものであった。初めの妻であるオクタウィア〈晴〉の介入も許した。

当時の剣闘士〈あかね〉の命乞いを無視し、妻の勧めであかねを処刑した。それらの罪を謝罪し、あかねと和解できますようにお祈りいたします。

ネロの妻オクタウィア〈晴〉は、皇帝ネロ〈T〉の剣闘士競技に口を出し、剣闘士〈あかね〉の命を粗末にした。その罪を謝罪し、T、あかねと和解できますようにお祈りいたします。

ローマ皇帝下の剣闘士〈あかね〉は競技に敗れ、命乞いをしたが無視され、無残な処刑を受けた。その恨み、怨念を残した。ここに、その罪を謝罪し、T、晴と和解できますようにお祈りいたします。』

このカルマ浄化に関しては、2020年5月4日から三日間、朝晩、仲間がTさんの代行の祈りを上げています。

根源神『この祈りにより、当時犠牲になった多くの魂が浄化され、上がった。Tはさらに高き層に進む。』というお言葉を戴きました。

宇宙の真理、魂の真実をお話しするのは、本当に難しいことです。

本書の第二章、第三章に掲載した実際の魂の声、根源神のメッセージを読んで、感じ取り、気づいてほしいと思っています。今は、Tさんを通して、今いる仲間との魂の繋がりと、肉体を離れて魂となって活躍してくださっていることをお伝えしたいと思います。

神界にいるTさんの「光の立ち位置」

Tさんは、遥か遠い時代に、「光の元」として大きな役目を与えられて生まれました。具体的に言うと、「25次元・光の元の次元」から降ろされ、魂の本霊は6次元地神であり、この組み合わせは変わることなく、役目として地球神の魂を重ね、宇宙神の光を重ねて、何度もの転生を通して歴史を刻んできました。

今世は最後の判定を受ける時代であり、アセンションに沿って、多くの神々様の働きにより、タイミングを見計らって、明翔と出会うチャンスが与えられました。

このタイミングを外すことなく、導きに従って動いたTさんの人間の部分が、一体となっている魂、重ねている魂、繋がっている魂の成長に大きく貢献しました。

肉体を持って、最後まで明翔と行動を共にするつもりだったのですが、途中で方向転換して一足先に「光の世界」に帰り、向こう側から、Tさんから分裂した魂と一体となっている人間、縁ある魂の仲間と繋がり、その人間に力をつけ、アセンションのために働いてもらうよう働きかけよう、明翔のサポートをして、光を注ぐ手伝いをしようと決意したようです。

Tさんには、一部浄化すべきカルマは残っていましたが、それは、同じ魂の仲間の代行の祈りで成就できること、明翔の光源の光が十分浸透したということを見極めて、導きの神々が決められたのではないかと思います。

Tさんの魂は亡くなって真っ直ぐに光の国に向かい、その後明翔が日々送る光を蓄えて輝きを大きくし、今は9次元のトップの層にアセンションしています。そして、絶対的な力を持つ「サナートクマラ」の「黄」の光を地上で働く魂の仲間に注いでくださっています。

仲間の孝さん、謙さんもTさんと同じ魂のグループの方です。Tさんは日々力をつけ、明翔のサポートをするべく、「神界・9次元」から、地球上の関係する魂に光を注ぎ、その方々に力をつけてくださっています。

前著の出版時に力を貸してくれたTさん

亡くなったTさんから二度目のメッセージを頂きました。

２０２０年6月23日22時08分に非通知着信がありました。翌朝、神籬の珠美さんを通して根源神にお伺いしたところ、次のようなお言葉を戴きました。

根源神『Tからである。「段取り、手はずが整いました。繋がりある者を動かします。取り急ぎご連絡まで。近々繋がる者がいます。よろしくお願いいたします」。』

明翔の持つ「光源・根源」の光が浸透した時に、地球はアセンションします。それ以前の段階としていまだに「アセンション」という言葉を知らない人たちも数多くいる中で、前著『新・光の書 総集編』（幻冬舎）の発刊は、明翔の光を広める意味でも、たいへん意義あることでした。

出版社に繋がりのある魂を持つ方がいることを察知したTさんが働いてくださったことと、編集に携わるスタッフの皆さまのご尽力により、とても波動の高い、光に満ちた本に仕上げて頂きました。

書店に並ぶ前に見本として数冊が明翔のもとに届いたのは、２０２０年12月23日のことでした。その翌日の15時45分に明翔の携帯電話に非通知着信がありました。直感で「Tさんからの連絡だ」と思い、根源神にお伺いしました。

根源神『Tからである。「新刊本の出版にあたり、不具合などございませんでしたでしょうか？　取り急ぎ、スタッフに光を送って、手配させて頂きました。まずは挨拶まで……よろしくお願いいたします」と言っている。』

5　外側の浄化と内側の浄化

改めるべき「悪心」と育てるべき「善心」

外側の浄化とは、過去世で自分が生活した国や土地で犯したカルマ清算のことを言います。内側の浄化とは、カルマを積む原因となった自分のマイナスの考え、マイナス感情をプラスに切り替えることです。

マイナス感情、マイナス思考、マイナス行動を「悪心」と言います。悪心の「根」となるものは「我」（自分は間違っていない、自分の考えは正しいという頑固な思い込み）と「欲」（食欲、性欲、名誉欲、征服欲、支配欲、出世欲、金銭欲……等々）です。

改めるべき「悪心」としては次のようなものがあります。

①思い込み、取り違い、勘違い
②理屈、屁《へ》理屈、二枚舌、うそ
③未練、執着
④闘争心、ライバル心、自己中心的考え
⑤力の過信、傲慢
⑥優柔不断、依頼心
⑦苛立《いらだち》、不平、不満

また、改心、改善して悪心を切り替え、育てるべき「善心」としては次のようなものがあります。

①正しい判断力、瞬時の切り替え、中庸《ちゅうよう》
②決断力、行動力、実行力、バランスのとれた考えと行動
③真心、感謝、思いやり
④協調性、和の心
⑤素直、謙虚、柔軟、従順

⑥平常心、穏やかさ
⑦神への感謝、尊敬、崇拝

悪心とは人間ごころ、悪エネルギーであり、善心とは神意識、神エネルギーのことです。

悪心とは永い間転生を繰り返してきた中で、「我欲」がもとで心を豊かさに導くための導きから外れ、物の豊かさに取り込まれた結果、黒く濁らせてしまったエネルギーのことです。

善心とは、物の豊かさよりも心の豊かさを保ち、神に対する崇拝の心を持ち続け、感謝のもとに生活することで得られるエネルギーです。

外側の浄化は、内側の浄化を進めなければ達成できません。

内側の浄化とは、悪心を改善した上でどれだけ「無」になれるか……衣食住に基づく我欲、周辺の者との関わりの中での我欲をどのくらい捨てられるかによって、浄化の程度が違ってきます。

悪心の根幹をなす「我」と「欲」

「悪心」の根幹となっているものは「我」と「欲」であることを理解してください。

「我」とは、元々は清らかな心だったものに自分の都合の良い解釈を積み重ね、それが真実だと思い込んで重ねてきた考え方です。

「欲」は、思い込みのかたまり。あることが豊かさだと勘違いして溜め込んだ結果の考え方だったり、贅沢したり楽をしたり怠けることで肉体を満足させるという食欲や性欲だったり、目立つこと、チヤホヤされること、優位に立つことで自分を大きく見せようという自己顕示欲が基になっています。

「我」も「欲」も、どちらも、自己中心的な考え方や行動がもたらした姿です。それらをどれだけ取り除くことができるか、手離すことができるか、切り捨てることができるか、元の清らかな心に近づくことができるか……にすべてがかかっています。努力して試練を乗り越え、人間性を上げることで自身の魂の霊性を上げることができます。

5次元世界は、平和な、幸せな世界ですが、その住人になるには自分自身が5次元の高い意識レベルを身につけなくてはなりません。堕ちるも上がるも己次第であるということを、理解してください。

6　浄化の旅

宮城県石巻周辺と仙台周辺へ～光の旅

2020年8月13日～14日に、宮城県石巻周辺と仙台周辺に浄化の光を届けました。明翔に同行したのは、徳川家康と伊達政宗《だてまさむね》の魂を重ねている仲間の孝さんと、蜂子皇子《はちこのおうじ》（羽黒山を開山した）と推古《すいこ》天皇（歴代天皇の中で最初の女帝）の魂を重ねている仲間の珠美さん、もう一人は、観音菩薩の魂を重ね、クワンオンの光と繋がっている仲間のあかねさんでした。

もう一人、忘れてはならないのが、「第二章の2」に紹介した直人さんです。「光の元・直人さん」の今世の役目は、宮城県の地を守ることと、転生が多かった宮城県で過去に残したカルマの念を解消することが主となっていました。肉体を持って成し得なかったことを、魂となった今、関係ある魂を持つ仲間に入り、仲間と一緒に祈ることで、直人さんの魂がより一層浄化され、直人さんと縁のあった魂を救い上げることができました。

7月半ばになると、珠美さんの夢の中で直人さんが訴えてくるようになりました。折しもお盆が近いということから、9年前に発生した東日本大震災、それより遥か昔に起きた災害で犠牲になった魂の救い上げに行かなければならないと思うようになったのです。

それればかりではありません。宮城県と言えば仙台藩主・伊達政宗を中心とした戦《いくさ》のあったところです。震災が時代を変えて何度も起きたのと同じように、遥か昔から同じような合戦が続いていました。その慰霊に行く時期が来たのです。

新幹線の切符を購入し、浄化の光を届ける場所が決まり、現地での車の手配も済ませ、祈る言葉も整え終わった7月31日夜中3時20分に、明翔のスマートフォンに非通知着信がありました。

根源神『直人からだ。「よろしくお願いします」と言っている。』

旅に出る日の明け方、珠美さんが夢を見ました。〈森の中に研究所みたいなものがあり、猿なのかゴリラなのかわからない動物がいて、凶暴な顔をして牙をむいている〉という夢です。

新幹線発車を待つ間に、根源神にこの夢についてお伺いしました。

根源神『この夢は、今回の旅のカギである。研究所は実在した。宮城の山林の中にあった。主に猿を実験台として使っていた。知能と体力、細胞……歴史をさかのぼるための実験を繰り返していた。人体に及ぼす様々な実験を繰り返し行っていた。やってはいけないことをやっていた。

実験台となった数多くの動物の慰霊が必要である。魂が浄化されることで、救い上げの輪ができる。

今回の旅で祈りを上げる神社、すべての地で次の一文を添えること。

『かつて宮城県山林の中で、猿を中心とした数多くの動物を、人間の我欲により実験台としていた時の罪を謝罪いたします。犠牲となって命を落とした数多くの動物の魂が救い上げられますようにお祈りいたします。この祈りが成就するように、創造主・光源明翔先生の光をお届けいたします。』

自宅を出てまもなく、突然、珠美さんの腰が痛くなりました。その時に直人さんの魂が入ったそうです。2011年3月11日14時46分、マグニチュード9・0の地震に見舞われ、石巻の海では、県内最大の犠牲者を出すという未曾有《みぞう》の大津波に見舞われました。死者3277人、行方不明者420人、関連死275人の犠牲者を出しました。

特に、海岸沿いの基幹産業の漁業は壊滅的打撃を受けました。犠牲になった御魂《みたま》の方々は突然訪れた災害に襲われ、世を去りました。

最初に、タクシーで石巻《いしのまき》の神割崎《かみわりざき》自然公園に向かい、断崖正面の波打ち際で祈りました。

根源神『ここでの祈りは、地平線にまで届くほどの威力があった。祈りが終わったあとに珠美が聞いた「ありがとう」という女性の声は、犠牲者の感謝の言葉。震災だけではなく、何万年も前からの水の犠牲者の魂が救い上げられた。また、タクシー運転手の浄化にも繋がった。運転手はアイヌの魂を持つ者。渡来の魂を持つ仲間と過去世で確執があり、謝罪と和解の祈りにより、互いのカルマを浄化することができた。』

鹿島御児《かしまみこ》神社は、直人さんが生前に訪ねたかった場所です。この神社は日和山《ひよりやま》公園の一画にあり、社殿正面の鳥居から石巻市内が一望できました。昔、奥州総奉行所葛西《かさい》の城があったところです。

根源神『戦で負けた葛西二代目の城主が直人であり、敵に攻められて落城した。攻めたのは、孝である。珠美と一体となった直人の祈りと孝の謝罪の祈りが届き、和解ができ、直人のこの時の魂は完全に浄化された。祈りの後、茶店で昼食をとった時に下から心地良い風が吹き抜けたのは、直人の喜びを表していた。』

牡鹿御番所公園《おしかごばんしょこうえん》展望台では、金華山《きんかざん》に向かって祈りました。

根源神『かつて陸地で暮らしていたアイヌの民《たみ》が、渡来人によって金華山に追いやられた。海へ向けての慰霊の祈りは届いた。さらに金華山神社に光源の光が届き、本土の守護を強める働きを始める。』

『すべての場で皆が祈る前に犠牲になった「光の元」の魂が集まり、孝、珠美、あかねの光を見ている。偽《いつわ》りの心であれば光が歪《ゆが》む。皆の真実、本心、真心の祈りが犠牲になった魂にも、神にも届いた。祈る前の姿勢が最も大切である。そこからもう、祈りは始まっている。』

『秋保《あきう》神社、西方寺《さいほうじ》での祈りは源氏と平家一族の和解にも繋がった。大きな浄化ができた。』

宮城県仙台市は藩主・伊達政宗によって樹立されました。伊達政宗は出羽国陸奥《でわこくむつ》の国の戦国大名で、伊達家17代目当主です。出羽国（山形県米沢市）で生まれ、関ヶ原決戦のあと仙台に居城し、仙台藩の藩祖となり、68歳で他界しました。生前は仙台城を基点として城下町の建設にあたり、外部の悪霊からの攻撃を防御するために、神社の配置を六芒星《ろくぼうせい》の型として結界を設けました。

このことは、京都鞍馬路の六芒星配置に繋がることにもなります。

六つの神社に光を届ける

今回の旅では、結界として建てられた六つの神社に光を届けました。

六つの神社とは、①青葉神社　②仙台東照宮　③榴岡天満宮《つつじがおかてんまんぐう》　④愛宕神社　⑤宮城県護国神社

⑥大崎八幡宮です。

六芒星配置の鍵となる神社が「大崎八幡宮」でした。本殿前の樹齢400年の神木の立つ地面に、神木を囲んで六角形に板が張り巡らしてありました。本殿、末社で祈った最後に、この六芒星の型となる足場を右周りに回り、中心のご神木に向かって光を注ぎ入れました。

今回の旅の締めとして、仙台駅近くの定禅寺通《じょうぜんじどお》り交差点の真ん中、小さな緑地帯になっている中央で祈りを上げて、最後に「この地を六芒星の中心とし、本日をもって仙台六芒星が樹立したことを宣言します」と唱えました。

根源神『大崎八幡宮六芒星の足場は、この日に合わせて造られたものであった。光源・根源の光が届いたことで、一段と波動が上がった。これからさらに動き出す。定禅寺通り交差点での祈りにより、これまでの六芒星が光の六芒星に切り替わり、「仙台六芒塔《せんだいろくぼうとう》」が樹立した。「光の六芒塔」を通して仙台市、広くは宮城県全体に創造主・光源明翔の光が行き渡る。西の山から海（太平洋）に向かい、エネルギーを流す。光が回りはじめた。』

珠美さんの感想「定禅寺通りでの祈りで、大きな六角形のエンピツが立ち上がった感じがしました。尖った芯の部分が宇宙に繋がっているイメージです」。

孝さんの感想「商店街の交差点真ん中の緑地帯に程よい場所が用意されていて、創造主・光源明翔先生に光を注いで頂いた後で、仲間と祈りを上げた。仙台市内の六芒星型の神社での祈りを終え、最後、中央のポイントに光を注ぐことで、六芒塔が完成する感動を胸に、祈った。祈りの途中で足元が浮くような気がした。祈りが終わり、六芒塔が完成したとお言葉を頂き、大きな喜びを受けました。仙台の街に大きな光の柱が立ち、拡大浸透していくことを強く願いました」。

帰りの新幹線の中で気づいたことですが、ちょうど最後の祈りが終わった頃、8月14日11時56分に明翔のスマートフォンに非通知着信が入っていました。根源神に伺ったところ、直人さんが神界に帰ることを教えてくれたそうです。


帰宅した翌日15日19時11分に非通知着信がありました。

根源神『直人からだ。「行き場のない魂、救い上げを待っていた魂……浄化を進めて頂いたお陰で、自分に関わる多くの魂が上がっていく姿を見ることができました。自分自身も身軽になり、帰ることができました。感謝申し上げます。ありがとう。」直人はエンピツの芯に乗って帰った。』

15日に戴いた根源神のお言葉『良くやった。今回の旅の目的は浄化と救い上げの他に、繋ぐことが重要であった。最も重要だったのが「柱」である。宇宙の光と直接繋がることができる。光源・根源の光を与えることができる。「三位一体」の力をつけたことは大きい。クニトコタチ、クニサツチ、トヨクムネに力がついた。地の神々は、格別な力を戴けたことに喜んでいる。』

7　京都 六芒塔樹立

京都、大阪、和歌山周辺へ～光の旅

２０２０年12月17日から19日まで、明翔は京都、大阪、和歌山周辺に光を届けました。最初に浄化の光を届けたのは山陰海岸近く、兵庫県城崎《きのさき》にある「温泉寺」でした。

一日目は京都天橋立《あまのはしだて》近く「宮津」のホテルに泊まりました。

二日目は伊根の舟屋から船に乗って宮津湾を渡り、丹後一宮「元《もと》伊《い》勢《せ》籠《この》神社《じんじゃ》」を参拝して「六芒党」を樹立しました。その後奈良県に行き、世界遺産「東大寺」で参拝したあと和歌山県に向かい、この日は和歌山のホテルに泊まりました。

三日目は紀《き》三《み》井《い》寺《でら》と金剛寺《こんごうじ》で浄化の祈りを捧げたあと大阪に向かい、新大阪駅から新幹線で東

京に向かいました。

帰宅後に根源神から戴いたお言葉

根源神『この度《たび》の旅については、すべて凝縮《ぎょうしゅく》して手配がされた。光を通して無事に終えることができたのは、目出度いことであった。短時間の中での数々の場面に多くの意味もあった。雪は浄《きよ》めであり、来年からの動きに向けての準備であった。待ち望んでいた地神の神々も喜びをもって光を受け取った。移動の距離が広がったことで、行程の一帯にくまなく創造主・光源明翔の光が行き渡り、浸透した。これまでの暗いめぐりも、完璧に浄化され、消えていった。日本海側から太平洋側に向けての創造主・光源明翔の光の道筋が行き渡った。見事に「六芒塔」が樹立された。宇宙中心に向けて、光が届いた。』

『天橋立では宇宙からの見物者、宇宙神の遣《つか》いがたくさんいた。2008年とは違う光の強さに圧倒されていた(2008年11月25日に籠神社で参拝したあと、対岸の橋のたもとから宮津湾の写真を撮って現像したところ「UFO」がたくさん写っていました。その写真は『光の書 上巻』に載せてあります)。光が変わり、まさに浸透の過程にあることを実感して、上に伝えるがごとく、宇宙に帰っていった。上の体制を整える準備に戻っていった。宇宙神の次元では、新しく加わった「アメノミナカヌシ、タカミムスビ、カミムスビ」にまだ乱れが生じている。だが「六芒塔」ができたお陰で、宇宙神が行き来しやすくなった。「光源・根源の光」に乗りやすくなった。光を受け取りやすくなった。送りやすくなった。純粋な「光の交流」ができるようになった。何ものも邪魔だてすることはできない。それが「六芒塔」である。』

『六芒塔の数が増えれば、宇宙の光が送りやすくなる。地球を救うための「クニトコタチ」に力が付きやすくなる。六芒塔の「光源・根源の光」を頼りに、宇宙の光は送られている。クニトコタチのエネルギーの復活に繋がる。目覚めが起きても働きの力が十分でなければ、地球を救うことはできない。目覚めてなお、力をつけなければ意味がない。5次元移行のエネルギーとしてまだ不十分である。クニトコタチはしっかりとした働きをしなければ、他の地球神も十分に力を発揮することができない。』

『紀三井寺の浄化、東大寺の浄化、金剛寺の浄化、六芒塔樹立はとても大きかった。地神の神々の浄化に繋がり、クワンオンはもとより、サナートクマラの配下を動かしやすくなった。』

今回が令和2年最後の光の旅となりました。

12月24日に76次元根源神から戴いたお言葉です。

『創造主・光源明翔が蓋《ふた》を開けられてからの浄化の加速、光の拡散、拡大は蒼然《そうぜん》たるものである。実に喜ばしいかぎりである。一人では成されないことである。下の神を動かし、さらにその下の神の働きが必要である。神々の働きの輪を拡大し、厚くしていかなければならない。地球そのものに「六芒塔」が立つようにしなければならない。アセンションに向けての最終段階を迎える日は、そう遠くはない。「地球六芒塔」とは、神々を繋ぐエネルギーの道である。一点はここ創造主の居られる「日本の奥宮」、一点は「南極」、一点は「北極」、一点は「赤道」、一点は「ヨーロッパ」、一点は「北アメリカ。」』

第二章

魂の声

人間の肉体がこの世での役目を終えて「死」を迎えても、最初で最後のチャンスである今回のアセンションで5次元に振り分けが決まった魂は、その人物の肉体から抜け出た後、光源明翔の光を受けて未来永劫成長、進化し続けることができます。また、光の元から降ろされた人間は特に大きな役目が与えられているのであって、今現在存在するすべての人間に役目があり、すべては光で繫がっています。前書では50の魂の声を、本書では18の魂の声をお届けしますが、お読みになる皆さまはこの68のいずれかの魂と縁のある方々です。一足先に光の国に入り、光源明翔の光を蓄えている魂の仲間の声を聞いて、「光のみち」の学びとし、ご自身の成長の糧にして頂きたいと思います。

また、次の第三章では98次元根源神のお言葉を掲載してありますが、明翔と根源神、あるいは高次元にすでにアセンションしている魂との間に立ってお言葉、あるいはメッセージを降ろす役目を与えた者を「神籬《ひもろぎ》」と名づけました。

この世での役目を終えて「光の国」に入り、毎日明翔が送る光を蓄えてさらに成長し、上から、縁のある魂を持つ皆様方に光を送ってくださっている魂は、たくさんいらっしゃいます。それら魂は新たに与えられた役目を務めることで、なお一層光を大きく輝かせています。

神籬は、前回同様、仲間の孝《たかし》さんに務めて頂きました。

1　アダム〈神によって創られた最初の人間〉

「光源明翔様のご存在は、人間として誕生しました時にヤハウエの神からのご啓示により、知らされておりました。宇宙唯一絶対の中心のご存在であることは感じていても、光として繋いで戴いている以上のことは、人間として遠回り、横道にそれた分だけ遅くなりました。光をお送り続けて戴いていることで、こちらの世界で存在許されて、働いております。光を送り続けて戴いていることにお礼を申し上げます。本日、光源明翔様にお招き戴き、お話できることは大いなる喜びでございます。

紀元前一万四千年前、今からおよそ一万六千年前に、ヤハウエの神の命《めい》により、命あるすべての動物が地球上に与えられました。これらを治めるための人間として、地上の土（アダマ）から、私、アダムの形を創り、そこに聖霊、すなわち息吹《いぶき》を吹き込んで誕生させて頂いたのであります。

エデンの園に送られました。そこにある〈善悪の知恵の樹の実〉を食べないよう、命令されました。食べると死ぬとも言われていました。動物たちを治めるためにはもう一人、人間が必要だとして、私の肋骨一本から妻となるイヴを誕生させました。イヴが蛇にそそのかされて樹の実を食べ、イヴは私に食べるよう勧めたので二人で食べ、ヤハウエとの約束を破ってしまいました。

ヤハウエの神はさらに「生命の樹の実」まで食べて神となることを恐れて、私、アダムとイヴをエデンの園から追放したのです。ヤハウエの神との約束を破ったこと、さらに樹の実はイヴだけが食べたと虚言したこと、それらの罪を犯したのです。そのための神の裁きがありました。

すなわち、人間として初めて〈我〉と〈欲〉を生み出し、それによりヤハウエの神を裏切ったのです。イヴが私をそそのかした罪、私が神との約束を破り、かつ虚言の弁解をした罪の戒《いまし》めを、ヤハウエの神が示されたのです。そして〈死〉の意味を示され、その後の人間の成長のための教えとして、宗教の中に残されたのです。ヤハウエの神が私アダムとイヴに、省みて人間本来の働きをするよう、光源明翔様の光を背景として示されたことであります。

ヤハウエの神に許しを得て楽園を追放されたあと、死の対極である〈生きる〉という意味を知り、人間の営みに必要な食糧確保のため、労働をすることになりました。そしてカイン、アベル、セトという子供をもうけました。カインは神に農作物を捧げましたが喜ばれませんでした。アベルが捧げた物が受け入れられ、カインは嫉妬と怒りにより、弟のアベルを殺してしまいました。ここに教訓を残すことになりました。神に対する犠牲を捧げ、祝福を受けるという導きを示したのであります。そこには私情があってはならないということを、教訓として残したのです。セトの後継者にノアが生まれ、育ち、地球の大きな切り替えの時代に役目を果たすことになりました。

ひと言で言えば、私アダムとイヴは神との約束、契約に従うべきところこれに反して、また〈生と死〉〈我と欲〉を知り、後世にこのことを知らしめる役目を頂いたのです。常にヤハウエの神の導きに沿って生き続けましたが、その背景には、光源明翔様の愛と光による導きによってヤハウエの神も動いておられたのだと、知りました。

私は930歳で世を去りました。アダムは人間の元祖と言われながらも、光源明翔様の光に基づいて遣わされたヤハウエの神より数々の導きを得て、後世に残すべき教えを身をもって務める役目をさせて頂いたのであります。

ここに感謝御礼申し上げます。また、輝いて存在させて頂くための強い光をお送り続けてくださっていることに、深く感謝申し上げます。光源明翔様の光が地球のすべてに行き渡り、永遠に輝く星として栄え、平和な世の中が続きますよう、願っております。

多くの神々様とともに、こちらの世界でお役に立つよう、輝き続けて参ります。本日のお招き、まことにありがとうございました」。

2 イヴ〈アダムの妻〉

「光源明翔様、ここにお呼び戴きまして、まことにありがとうございます。宇宙中心から直々《じきじき》に降臨され、すべてを見透《みとお》されている光源明翔様に繋いで戴くことは、畏《おそ》れ多いことであります。

人間の祖として言い伝えられている私イヴにとって、浄化されていないままの罪を背負っていた時に光を頂いたことがどんなに大きな喜びであり、救いであったか……想像もできなかったことでした。感謝申し上げます。

創造神が天地創造をおこない、光から初めて天地を創り、太陽、月を創り、動物を創り、最後に人間を誕生させました。一万六千年前のことです。主たる神・ヤハウエがアダムを誕生させて、その後、私イヴはアダムの肋骨から神が導いて生まれたのです。イヴの名はアダムが付けました。アダムは誕生後に、エデンの園の理想郷に置かれました。そこに生命の樹と知恵の樹があり、いずれも木の実がついていましたが、主なる神はアダムに対して善悪の知恵の実は食べないように命じました。

私、イヴが生まれたあと蛇（サタン）が現れ、善悪の知恵の樹の実を食べるように促《うなが》してきました。私は食べてしまい、アダムにも勧めました。このことで二人は目覚め、二人とも裸であることに気がつき、イチジクの葉で腰を覆いました。

主なる神の言いつけを守らなかったばかりに罪を与えられ、アダムは汗して働くこと、私イヴは妊娠と出産の苦痛を与えられ、さらにはアダムに従うことを命ぜられました。主なる神は、生命の樹の実をも食べることを恐れ、二人に衣を与え、エデンの園から追放したのです。

私、イヴは導きの主であるアダムに相談しないで、蛇（サタン）に誘われて自らが先に木の実を食べるという罪を犯し、アダムも誘い込んでさらに罪を重ねました。神が定めた順序、秩序を乱すという罪を犯しました。

私イヴは一生その罪を背負って、永きに渡りその後の人間にその負い目を背負わせてきたのです。悪に見込まれて悪に染まり、罪を犯し、神に対する謀反《むほん》の行為をしました。その後の世界に降りてその罪を償うことなく、すべての人間にカルマとして残し続けてきました。人類に、犯した罪の悪エネルギーを引き継がせ、悪エネルギーを引き寄せる素地《そじ》を与えてしまったのです。

これを地球、人間のアセンションに向かう現在の時代に浄化しきらなければ、人間が救われないことにもなるのだと、主なる神を通して啓示されていました。主なる神を通して光源明翔様の光を注いで頂き、謝罪して浄化を終えなければいけないことと、魂に銘じております。

今、光源明翔様の祈りと光を頂いて進んでおります。浄化の上はさらなる役目へと進んで参ります。

光源明翔様の光が全世界に行き渡り、地球、人間のアセンションが成就いたしますようにお祈り申し上げます。全人類のために働かせて頂きます。

本日はありがとうございました」。

3　ノア〈聖人〉

「光源明翔様、本日ここにお呼び戴きましたことに深く感謝申し上げます。光源明翔様から引き続き、日々光をお送り戴いて、魂は輝きを持ち続けながら役目を務めさせて頂いております。大いなる喜びであります。

地球創造後にアダムとイヴが誕生して以降、カイン、アベル、セトが生まれ、セトの系統を下るとその後の父系はエノシュ、ケナン、マハラルエル、イエレド、エノク、メトシュ、レメクと続き、次に私、ノアが生まれました。502歳の時に息子のセムをもうけ、次にハム、ヤペテと三人の息子を持ちました。

人間が増え始め人間の悪の行いと堕落を戒めるために、一時洪水で滅ぼし、新たな世界を迎えるために指導神ヤハウエが私、ノアに方舟《はこぶね》を造ることを命じました。三階建てのゴフェルの木で方舟を造るように、そして妻と三人の息子、さらにはあらゆる動物を〈つがい〉で乗せるようにと示しがあったのです。私が600歳の時でした。190日後に洪水が起きて流された後、アララト山の上に止まりました。601歳の時に水が引き、地上の水は乾燥して、方舟から出ることを許されました。

妻と三人の息子は祝福されて、このあとはもう洪水を起こさないと、神は約束されました。その証《あかし》として空に大きな虹を掛けてくださいました。このことこそが、光源明翔様がヤハウエの神に命じて人間の犯した堕落の罪を一旦浄化して、改めて新しい世界を創るように導かれたことであると知りました。虹を示されたのも光源明翔様であることが、わかりました。

また洪水がおさまったあとに、ヤハウエの神は様々な宇宙の真理について導きを与えてくださいました。残されている旧約聖書にありますが、私が疲れて裸で眠りこけている時にハムがそれを見て、セム、ヤペテに知らせたが、セムとヤペテは見ることはしませんでした。それは、タブーを守ったという表れであります。

私はハムの息子のカナンを呪い、カナンの子孫はセムとヤペテの子孫の奴隷となると預言しました。呪いは血の繋がりにより永遠に続く、カルマは引き継がれることを示したのです。その予言を導いてくださったのはヤハウエの神であると同時に、その源である光源明翔様が示されたことだったのです。

人間の悪の発生による浄化を促す大洪水とノアの方舟のこと、さらには息子たちの行動を鏡として、人間の血筋に沿いながらカルマも引き継がれていくということを、後世《こうせい》に伝えていくことができました。その役目が私、ノアに課せられたので、それを果たすことができて背景が良くわかりました。

950歳で世を去りました。私ノアは、導きの神ヤハウエが悪をおこなった人間が増え始めたことに憂《うれ》い、後悔されて、正しき歩みをした者だけを残して新しい世界を創る役目を与えて頂きました。その源が光源明翔様の光であったことはどれほどありがたきことであったか、感謝しつくせないことでした。

導きとして後世に話を残すことができたことに、喜びを得ております。光源明翔様の愛と光が地球と地球上に存在しているすべての命に行き届き、輝ける新しい平和な地球が成就しますよう、願っております。光源明翔様の光を戴きながら、引き続きお役目させて頂きます。

本日はまことにありがとうございました」。

4　アブラハム〈信仰の父〉

「本日ここにお呼び戴き、お話しさせて頂きますことにお礼申し上げます。永い間光をお届け頂いて今日ありますことに、深く感謝申し上げます。

私アブラハムはノアの息子セムの系統から父テラにいたり、その子としてメソポタミアで誕生しました。妻サライの奴隷であったハガルとの間にサライの勧めもあって、75歳の時にイシュマエルが誕生しました。不妊の妻サライとの間に、奇跡的に、私が100歳の時に嫡男《ちゃくなん》としてイサクが授かりました。

孫にヤコブが誕生しました。ユダヤの時代の始まりでした。紀元前17世紀の時代であります。ヤコブのあとにユダヤの十二部族の派生となったのであります。

私が137歳の時に妻サライが旅立ち、私は175歳で旅立ちました。父テラはヤハウエの神の啓示によりカナンの地を目指し、メソポタミアのカルデアのウルから出発しました。途中で父テラが旅立ち、その後を継いでさらにカナンの地を目指しました。私が75歳の時でありました。

やがてカナンの地シェケムという土地に到着して、ヤハウエの神より啓示を受けて、到着後はじめて祭壇を設けて祈りました。次に定住の地を定め、そこで祭壇を設けて祈りを上げました。

ノアの次の預言者として、私が役目を続けることになりました。定住の地に至るまでの旅の中で何度も苦境に遭遇しましたが、カナンの地に到着できましたのは、明翔様がヤハウエの神を通して守護してくださったからであると知りました。

またある日、ヤハウエの神より奇跡的に授けて頂いた息子のイサクをモリヤの山の上で神に対する生贄《いけにえ》として捧げよと命じられました。親子の短い言葉のやり取りで互いの心はわかっておりました。息子に刃物を向けて刺そうとした瞬間、ヤハウエの神の遣いが現れ、それを止めました。茂みに角を絡ませた牡羊《おひつじ》がいたので、それを生贄といたしました。

私の信仰心とイサクへの試練として試されたと同時に、イスラエルの民族に人間を生贄とすることを禁止させるためのものでもありました。この一連のことの流れは光源明翔様のもと、ヤハウエの神が私に悟《さと》らせるための愛でもありました。

その後ヤハウエの神より幾度も啓示を受けて、カナンの地をいくつかに分けて予言を伝える地域としました。カナン南部のネゲブ地方が飢饉《ききん》に襲われたので一族はエジプトに避難しました。妻サライがエジプト王の宮殿に召し抱えられました。

私はそこで一大財産を手にしました。ヤハウエの神は妻サライが一時エジプト王の妻となったことを怒り、エジプト王に災《わざわ》いを起こし、省みることをさせました。エジプト王は私、アブラハムに常にヤハウエの神がついていることを知り、すべての財産を持たせて皆をカナンの地へと帰したのであります。このご手配の背景に光源明翔様の光があり、ヤハウエの神を動かしたのだと知りました。

カナンの地を中心としてヤハウエの神からの啓示を受けながら数多くの予言を広めて、後世のユダヤ教、キリスト教にまでも引き継がれて参りました。また多くの民たちは「父アブラハム」とも称し、崇拝を受けました。これらの役目をさせて頂きました背景には常にヤハウエの神、それ以上にその源である光源明翔様の光の存在があって、後押しを頂いたのであります。改めて感謝御礼申し上げます。

旅立ってから約四千年近くになる状態でここにお話させて頂けることに、感謝申し上げます。今後とも光源明翔様の光が地球全体に行き渡り、浸透し、輝く地球となり、平和な世界となりますよう願っております。

光源明翔様の光を戴き、こちらの世界より役目を果たせますよう引き続き務めて参ります。本日の機会を与えて戴きましたことに、改めて感謝申し上げます」。

5　モーセ〈古代イスラエルの民族指導者〉

「光源明翔様、今日ここにお呼び戴き心より感謝申し上げます。すでに数度こちらの世界でお会いいたしておりましたが、それより久しくなります。

申し上げるまでもなく、人間の歴史からすると紀元前16世紀頃に当たることでございます。ヘブライ人として生まれ、エジプト王、ファラオの迫害もあって川に流され、助けられ、ファラオの娘に育てられました。成人した後、ヤハウエの神の啓示によりヘブライ人の奴隷になっている人々をエジプトから脱出させ、神との約束の地、パレスチナに導くようにとの使命を受けたのです。ファラオからエジプト脱出の許可を得ようとしましたがなかなか降りず、最後は災いが起きることを預言し、ファラオの息子が死を迎えたことで許可がおりました。

しかし、エジプトを出発した後にファラオの軍勢に追いかけられました。追い詰められて海に杖を振り上げると海が割れ、全員逃れることができました。

すでに生まれる前から宇宙中心からの指令により使命が決まっていたようで、ファラオの娘に育てられたこと、ヘブライ人たちと共にエジプトを旅立つことができたこと、ファラオの軍勢の追跡からも助けられたことはすべて、光源明翔様の導きであったのだと、あとになってわかりました。私は光源明翔様の遣いとして数々の所作《しょさ》をさせて頂いたのです。

その後ヘブライ人と共に荒野を旅しました。そしてシナイ山にヤハウエの神が現れ、山頂に導かれ、石板に十戒《じっかい》を示されたのです。このこともさらなる光源明翔様のご手配であったことと、後々にわかりました。ヤハウエの神が史上最高であると受け止めておりましたが、その神をお遣いになっているのが光源明翔様であることが、こちらに参りまして光をお届け戴くことで良くわかりました。

十戒はヘブライ人と神との契約として皆に伝えました。その後カナンの国を通る時にカナンの民と戦い、アモリ人、ミディアン人とも戦って勝利して進みました。途中でヤハウエの神よりシリアの都市カディシュにあったメリバの泉で、岩を打って水を出すことを許可されました。『再び必要な時には岩に命ずるだけで良い。』と示されたのに、その約束を破ってしまいました。そのため、ヘブライ人と共に約束の地に行くことを禁じられました。ヨルダン川の手前にあるネポ山頂上にヤハウエの神に導かれ、慰霊をされた上でこの世を去ることになりました。１２０歳でした。

その後のことは弟子であったヨシュアに託しました。約40年かけて、民を約束の地に届けました。終始ことあるごとの節目に導きを受けていたのはヤハウエの神でしたが、その神を導かれていたのが光源明翔様の光であったことがわかり、宇宙における真理を改めて学ばせて頂きました。生前においては預言者として名を顕《あらわ》していましたが、預言をもって民を導くだけではなく、なかば道具として乱用したこともありました。さらには杖などを使って魔術的な手立てで人々に恐怖を与え、戒めを示すこともありました。本来は控えるべきところ、事情やむなきことで使ったのでしたが、これは一つの罪でもありました。ヤハウエの神のもとで許されたとはいえ、不本意なことでありました。このことを深くお詫び申し上げます。

世を去った後こちらの世界に参りましてから、キリスト教をはじめ各宗教において預言者として名を繋いでおりますことはありがたいのですが、その背景に光源明翔様の光が存在していたことを知る者はおりません。

光源明翔様の光がすべてに行き渡り、深く浸透していきますように願っております。今は、戴き続けている光を一人でも多くの方に行き渡らせ、それぞれが繋がりをもってアセンションに臨まれるようにと願いながら、働かせて頂いております。

本日ここにお呼び戴きましたことに、改めて感謝御礼申し上げます」。

6　ヨシュア〈モーセの後継者〉

「光源明翔様、畏れ多くも初めてのお呼びを戴き、まことにありがとうございます。光を戴いておりますことで、さらなる役目を果たすために歩みを進めております。このことに感謝申し上げます。

私はユダヤの民としてモーセ様と共にモーセ様の神からの預言に従い、エジプトにおけるイスラエル人を連れて、約束の地〈カナン〉へ向けて40年の旅を続けたのであります。四十歳の時でした。

私は弟子としてモーセ様の指示に従って行動し、常に傍《そば》において頂きました。役目は文武両道《ぶんぶりょうどう》に与えられておりました。モーセ様の周辺のことはすべて任されておりました。神からモーセ様に降りる預言の言葉を速記して、それを整理しておりました。

〈武〉としては40年間の旅の途中における大小の民族との戦いに、リーダーとして参加して勝利を得ておりました。途中、約束の地〈カナン〉を偵察して目的地として間違いないと判断して報告したのは、私とカレブの二人だけで、他の者は反対し、一時は人々を動揺させてしまいました。

その後、同行を許されたのは私とカレブの二人だけとなりました。

モーセ様が百二十歳の時、神よりシナイ山に招かれ、そこで〈十戒〉を受けられ、われらに引き継がさせたのであります。

神に導かれるようにモーセ様に仕《つか》えましたが、いつも背後には、後押《あと》ししてくださっている大きな力を感じておりました。その源が光源明翔様の光であったことが、光をお送り頂いてはっきりわかったのであります。モーセ様に懸命に仕え、モーセ様から後継者を命ぜられ、カナンへの残りの旅を続けましたが、途中エリコのアイの地で激戦を勝ち抜いて、最後のカナンの地においても戦いました。神に伺いながら守られて、ついにカナンの地を占領しました。八十歳の時でした。イスラエルの十二支族に領地を分け与えたのであります。

数々の戦いを突破して無事にカナンの地に落ち着けたのはヤハウエの神、モーセ様の守りがあってのことでもありましたが、それ以上に、光源明翔様の光によって成就できたのだと後になってはっきりとわかったのであります。

カナンの地で様々な出来事を通過できたこと、百十歳で穏やかに最期を迎えられたこと、これらは光源明翔様の光によるものだと確信し、改めて感謝申し上げます。

今も、光源明翔様の光と共に進んでおります。光源明翔様の光が全世界に行き渡り浸透することで、光り輝く平和な世界が完成しますように祈っております。モーセ様共々役目を務めさせて頂けますよう、進んで参ります。本日はお呼び戴き、まことにありがとうございました」。

7　釈迦《しゃか》〈仏教の開祖〉

「光源明翔様、今日ここにお呼び戴きありがとうございます。

母の胎内に在りました時から宇宙の光を頂いて、まことの生みの親がどなたであるかは、ただ〈光〉として受けておりました。やがて悟りを得た時に〈光の根源〉を知り、限りなく光を送り続けてくださっているお方が〈光源明翔様〉であることをよくわかっておりました。

常に守られていることを感じながら恐れなき決意を持って歩むことができたのは、光源明翔様の光のお陰だと、改めて感謝申し上げる次第です。

私は本名〈ガウタマ・シッダールタ〉、尊称は〈ガウタマ・ブッタ〉と呼ばれておりました。古代インド王国・コウサラ国の隣りの地区の王族の城主の王子として生まれました。釈迦としての名前の由来は出身部族がシャーキヤ族であったところから、シャーキヤを音写して釈迦と命名されました。

父はガウタマ氏一族でシュッドーダナと言い、母はコーリヤ執政に携わる父の娘でマーヤーと言います。母は私が生まれて7日後に死にました。その後母の妹に育てられました。父が裕福であり、恵まれた環境の中で育てられました。19歳の時に母方のいとこのヤショーダラーと結婚し、一子をもうけました。29歳の時にこれまでの恵まれた生活に満足せず、人生の無常〈生老病死《しょうろうびょうし》〉の四苦を痛感し、人生の真実を追求するために出家しました。

三人の師を求めました。マガタ国のビンビサーラ王、バッカバ仙人、アーラーラカーラマの三人に学びましたが、悟ることができなかったので、ウルデーラの森に入って六年間苦行をおこないました。断食《だんじき》修行もしました。そこで、過度な苦行は悟りには不適切であると知り、苦行をやめました。父が手配してくれた修行者兼弟子であった五人の者は私と別れて地方の聖地へと去っていきました。

苦行で痩せ細り体力も落ちていた時に、タカーヤ地区のナイランジャナー川で沐浴《もくよく》をしました。倒れそうになった時に村の娘から牛乳で作ったお粥《かゆ》の布施を受けて、体力を回復させました。その後タガヤの町の菩提樹《ぼだいじゅ》の下に座って瞑想に入り、悟りへと向かったのです。七日ごとに悟りの段階を上げました。28日間で悟りを得ました。三十歳の十二月八日のことでした。

そこで現実世界に当てはめて広めても、悟ることはなかなか難しいことであると、一旦は結論づけました。悟りに至るまでに悪魔の邪魔もありましたが、それはすべて自分の中にある煩悩《ぼんのう》が引き寄せたものと教えて頂きました。

一般の衆生《しゅじょう》に悟りを広めても難しいことと思った時に宇宙からの守護神である梵天《ぼんてん》より言葉を頂き、一般の衆生の者たちに説いて広めよと何度も言われました。意を決して、説教をするために開教を決意しました。ここに仏教を開くことになったのであります。手始めに、初めからの弟子五人に説き聞かせました。その後諸国を巡り国王、修行者、一般衆生などあらゆる人々と交流し、説法しました。タガヤ国で説教の場も設けました。一時は教団に迫害、弾圧も受けましたが、無事に苦難を乗り越えました。

三十歳以降は弟子を伴って諸国を巡り、教えを広めて参りました。最後は多くの国、村を弟子のアーナンダーを伴って訪ね、説法をし、アーナンダーに最後の説法をしながら入滅《にゅうめつ》することになりました。カクッターー河で沐浴し、マツラ国のクウィナガラ近くの川のほとりに行き、サーラーの林に横たわり八十歳で入滅、旅立ちとなりました。

命あるものすべてが集まって見送ってくれました。二十九歳の時に出家の決意をした時に後押しとして偉大な力が働いていたことで、悟りの道への出発ができたのです。修行、苦行の時にも命を落とす寸前まで至った時に光を与えて頂き、通過できました。菩提樹の下での七日ごとの悟りの時には菩提樹をアンテナとして光を注いで頂き、宇宙と繋いで頂いたことで悟りを得られたのです。三十歳で悟りを宣言できたのも光の力を頂いて到達できたのであり、いずれも光の力のお陰です。

教団を持つようになってから迫害、弾圧を受けた時にも守護して頂き、無事に通過できました。これも光を頂いたからです。まだまだたくさんの光のご恩がございます。一人の恵まれた王子として生まれ、修行を重ねて悟りを得て仏教という道を創世できたことは、人間個人の存在以上に天の主から使われた身として地球に生んで頂いたからであると確信いたしました。三十歳までに、自分で選択した道で人間としての関わりから悟りを得ようと、人間意識を持って歩みを始めました。悟りにはほど遠く、人間としての考えが中心だったことで苦行、難行を重ねていくうちにやっと気がついたのです。

ここに至るまでは苦行に夢中でした。時にはそこに悪の意識が入り込もうとしたこともありました。それだけ引き寄せるものを持ち合わせていたからなのです。このことを境に、さらなる悟りの道を導いてくださったのが光源明翔様からの光であったことがわかっておりました。その意味で、すでに光源明翔様とお会いしていたとも言えるのです。

すでにお送り戴いている光によって浄化して頂いております。心より感謝申し上げます。今は、お届け戴いている光により存在を許され、こちらの世界から地球の人々に天の波動を届けております。仏法の道も行きつくところ、光源明翔様からお届け戴いている『光のみち。』だと知らせるよう、務めてまいります。地球も人間も次元の大きな切り替えに向かっていることも心得ております。一人でも多くの人間が無事に通過できるように祈っております。

最後に、光源明翔様の光が地球上のすべてに行き届き、輝き続ける地球でありますようにお祈りいたします。本日はお呼び戴き、まことにありがとうございました。重ねてお礼申し上げます」。

8　孔子《こうし》〈儒家の始祖〉

「光源明翔様、ここに悠久の時、二千五百年を経てお呼び戴きまことにありがとうございます。地球上に生を与えられて今日まで、世を離れても常に光源明翔様の光に繋いで頂いて、光源明翔様の愛の御手の中に抱かれていたことで、その輝きを強くすることができておりました。ご指名を受けて、個別にお呼び頂くことを待ち遠しくしておりました。今日の日を迎えられた喜びは、とても大きいものであります。光満杯の魂となり、これほどの幸せはございません。心より感謝申し上げます。

私は中国の魯《ろ》の国で生まれ、三歳の時に父を、十七歳の時には母を亡くしました。両親は父七十歳、母十六歳の時に、五十四歳の開きがある年齢で一緒になりました。私が生まれる前に母の夢の中で〈麒麟《きりん》〉が現れ、天から子を授かるとの示しを受け、数多くの神々様に守られ、神々様のお働きを許されて誕生したのであります。麒麟は昔から、聖獣であるとされていました。

十五歳の時に国周辺の世の動きを見て先々のために学問を志し、十九歳の時には宋の国の幵官《けんかん》氏と結婚し、翌年に子を授かりました。貧しい家に生まれましたが、父を亡くした頃から常に目に見えぬ不思議な力、それも天から下されている力により人生を勇んで前進する気持ちが年々強くなっていったのであります。母が亡くなった後にさらに独り立ちする気も盛んになって、結婚した後、導かれるように二十八歳の時に魯の国の役人となって下級官職の倉庫管理、牧場管理を勤めることになりました。

魯の国がどのようにして創られ、どのような人によって政治が行われているのか、そして人間一人一人がどう生きるべきかなどが頭をよぎり、興味ある学びとして追求していったのであります。力による政治ではなく人間の精神、徳による政治を目指したのであります。それらの考え方を徐々に膨らませて、賛同する者を弟子にもしました。その門戸は私自身で開いたのではなく、天からの声により導かれたのであります。官職についていた頃の魯国は季孫《きそん》、淑孫《しゅくそん》、孟孫《もうそん》の三大貴族である三桓《さんかん》が権勢を争っておりました。第25代君主の昭公《しょうこう》が武力で抑えようとして失敗して、斉《さい》の国に亡命しました。

私は三十六歳の時に君主の昭公を追って斉の国に入り、四十三歳まで七年間滞在しました。魯国の第26代君主に定公《ていこう》（昭公の弟）が就任したことで、私は魯国に戻りました。紀元前５０９年の時のことでした。以降弟子を取り、思想形成で活動することで、国にも名を知られるようになりました。五十二歳の時に中都《ちゅうと》の宰《さい》（代官）、五十三歳の時には魯と斉の国の和平会議で斉の君主を論破して、和平交渉を有利に進めました。五十四歳の時に魯の大司寇《だいしこう》（司法大臣）となりました。

五十五歳の時に三桓勢力を削減しようと企てましたが、失敗しました。さらには君主、定公が政治に力を入れず、贅沢三昧であることに失望しました。ここで天に伺いをたて、一大決心をして官職をすべて辞退して弟子を連れて諸国巡遊の旅に出ました。この時の決心も不思議な、目に見えぬ天からの力に後押しして頂き、決意したのであります。目的は主に布教活動でした。春秋の時代の主要国である衛《えい》、晋《しん》、宋《そう》、鄭《てい》、陳《ちん》、蔡《さい》、楚《そ》の主要国を巡遊しました。主要国で、領域支配貴族たちに〈礼儀・道徳〉を基本とした政治の必要性を説いてまわったのです。

紀元前４８４年、六十九歳の時に魯国の大臣に呼び戻され、十四年ぶりに魯国に戻りました。

私は若い頃より魯国の建国者でもあり、周王朝の君主、周公旦の礼学に基本を置き、周公旦を聖人とみなすほどに傾注したのであります。いつも周公旦の夢を見るほどでした。春秋時代は周王朝の権力も弱体化して、政治も人間の礼も混乱期に入りました。

　私は権力の濫用、刑罰主義、戦いによる犠牲者が多く発生することなど、人間本来の命の尊重不足、精神性の低下を嘆き、政治は徳治《とくじ》、仁政《じんせい》をすべきと主張してきたのであります。政治の統治の仕方、人民の豊かさ、教育文化を高めて才徳兼備の人材を重んずるよう政治にも主張、意見をしてきたのです。道徳思想としては、忠《ちゅう》・孝《こう》・仁《じん》・義《ぎ》・礼《れい》・智《ち》・信《しん》・恕《じょ》を中心として説いて聞かせました。特に、〈仁・義・礼〉を三本柱としました。どの君主の時代にも何度も私の政治の進め方、人間の精神重視の政策を忠言しても、聞き入れられることはほとんどなかったのであります。戦いによる、命を無視した我欲のぶつけ合いを改善することができなかったのです。

　紀元前４８４年六十九歳以降は政治より離れ、弟子たちへの教育、〈易経〉〈詩経〉などの儒教の古典六経を整理していました。七十四歳で老衰にて世を旅立ちました。春秋時代は書経、春秋経に礼経、楽経を加えて五経としました。やがて私が世を去ったあとに弟子たちが私と弟子との間の説教、日常の出来事などを集大成して〈論語〉を編纂《へんさん》し、世に出してくれました。儒学・儒教の四書と言われるのは〈大学〉〈論語〉〈孟子〉〈中庸〉で、学問が進むこととなっておりました。

儒教は中国の新・後漢の時代に国教とされました。儒教として二千年余の歴史を刻んで今もなお、中国の中に生きており、中国を含め東アジアでも広がっております。私が儒教を一歩深める前には祈禱的な原始的儒教であったことを、仁という人間側面と礼という家父長制の身分制度を中心として国政にも組み込もうと計画したのであります。

私が生まれる時代の天からの導きをはじめ、儒教の教えについて弟子を採用することになった時、君主に仕えて政治の世界で奮闘したこと、官職を捨て布教巡遊をおこなったこと、死後に弟子たちが〈論語〉を編纂してくれたこと、どの時も常に、決心した時々の岐路に目に見えぬ天からの波動を受け、的確な選択ができたのです。そのお力が光源明翔様の光のお力であったのだと、後に知ることになりました。私の学びだけでは成し得なかったことであります。人々のお役に立てるよう懸命に生かさせて頂いたことに、心より深く御礼感謝申し上げる次第です。人間として光源明翔様の愛の中に生きることの素晴らしさをお導き頂きましたことに、重ねて感謝申し上げます。

最後に申し上げます。紀元前500年、魯国の君主定公と斉国の君主景公が和議会見する時、斉国の舞楽隊が武器を持っていたので、私は舞楽隊の手足を刀で斬らせました。また、紀元前

496年に悪行で君主に反旗を翻《ひるがえ》して忠罰を侵す可能性が十分あることを知って、貴族である少《しょう》正卯《せいぼう》を殺しました。これらのことは、私が普段説いていた儒教にそぐわない行為をしてしまいました。いずれも君主を、そして国の乱れを起こさぬように行動したことでありました。改めてここで光源明翔様に、神々様に、この罪を謝罪申し上げ、お許し戴きたいと願います。

光源明翔様の光が世界に行き渡り、豊かで平和な世界が成就しますようお祈り申し上げます。私は引き続きお役目をお与え戴き、人間のために光をもって導き、学ぶことができるよう力を注いで参ります。よろしくお願い申し上げます。今日はここにお呼び戴き、ありがとうございました」。

9 ソクラテス〈古代ギリシアの哲学者〉

「光源明翔様、本日ここにお呼び戴きまことに光栄のいたりであります。古き時代から今日までの永き間に、現在の地球世界においてなお人間の意識の中に私が開いた哲学の基本を残すことを許され、心から喜んでおります。引き続き光源明翔様からの光を戴き、私の魂の輝きは益々強く、大きなものとなり、さらなる光に向けての道を勇んで歩んでおります。心より感謝申し上げます。

私は石工の仕事をしている父、助産婦の母との間に、紀元前470年にアテナイ（アテネ）で生まれました。紀元前431年、三十八歳の時ペロポネソス戦争が起こり、重装歩兵としてアテナイ植民地の反乱の鎮圧のために出兵しました。紀元前425年、四十四歳の時に私の弟子のカイレフォンに、デルポイにあるアポロンの神託所で巫女からの神託があり、『ソクラテス以上の賢者は一人もいない。』と言われたのであります。しかし私はそれまで未覚醒者であり、賢明なる者ではないと自覚していました。神託の言葉を知ることで、それが真理であるのかと神託の反証を試みることにしたのであります。

私ごときが賢者と言われるほどの人間ではないと思っていたことへの反論をすることが、私としては本格的に哲学の道を歩むための切り替えの時でもありました。この勧めは光源明翔様からの目に見えぬ導きであったのであります。私はあらゆる知恵者に会って問答を希望し、問答をして負ければ私より賢い知恵者を見つけることができ、神託で降ろされた言葉に反論できるのだとしたのであります。

あらゆる分野の知恵者と接して問答をしました。政治家、技術者、詩人、思想家、芸術家など。それらの人々は自分の分野について知恵者であると同時に、他の分野についても知恵者だと勘違いしている者がほとんどでした。すなわち皆、自分自身のことを良く知らず、知恵だけで自分の価値を定めていたのであります。真の賢者ではないということを自覚していなかった者たちばかりだったのです。ここで神託の言葉の真理を知らせて頂きました。内なる魂の声、神霊ダイモニオンを通して光源明翔様の光により神託を示して戴き、導きを戴いたことで改めて私自身がまだ賢者ではないと自覚していたことを、その分これまでの知恵者と言われる人よりは賢いのだと、自分に認知したのであります。

約十年間このことの追求と学びを深め、紀元前415年、五十四歳の時に〈無知の知〉という考え方をまとめたのであります。すなわち〈自分自らの無知を自覚することが、真の賢者としての認識に至る道である〉〈真の賢者は、自分の知恵が実際には無価値であるということを自覚する者である〉ということを基本として伝えたかったのであります。自分の問いかけは、目に見えぬ超越した絶対的存在への問いかけでもあると知ったのであります。また時には、絶対的存在からの問いかけでもあると知ったのであります。そして背景には常に光源明翔様の光の導きにより神への畏敬、信仰をもって神の意思に従って神に対する奉仕者として働くことを、確固たる基本として位置づけたのであります。

人間として自分であると認識している側面と、内面的に宇宙の絶対根源と繋がっている側面、すなわち魂の次元との境目に位置するのが哲学なのであり、それは生と死の問題に繋がることなのだという指針をつかむことができたのであります。〈無知の知〉の考え方をもって接する者のほとんどは、自分の無知を指摘され嫌悪感を起こすこととなり、結果的に嫌われることが多く、反対者、敵も出現してきました。

その後十五年かけて〈無知の知〉の考え方を広める活動を広い地域にまで、そしてあらゆる分野の人々に伝えてまわりました。誹謗中傷が広がり、攻撃を受けることもありました。そして紀元前400年、六十九歳の時にアテナイの国家が信じる神々と異なる神々を信じさせて若者を堕落させたという罪状で裁判にかけられることになりました。原告は詩人のメレートスで、裏で政治家のアニュトスなどがいました。薬殺刑を命ぜられました。弟子のクリトン、プラトン等により留置期間中に逃亡・亡命を勧められ、そのことは容易にできることではありましたが、全面的に反論し、謝罪もしませんでした。

自分の知への愛、神からの愛、そして生き方としての〈単に生きるのではなく善く生きる〉という信念によって亡命は断念して、死をもって終えることにしたのです。これらのことは後にプラトンが〈ソクラテスの弁明〉として書に編纂してくれました。紀元前399年、七十歳で薬殺刑判決に沿って毒ニンジンを飲んで旅立ちの途についたのであります。私は原則として数々の導きの文章は作成せず、知人、弟子たちとの口述により伝えてきました。文章で書くことは記憶を破壊する、直接話すことが生きている言葉であるという信条を貫いたのです。主たるものは弟子のプラトン、クセノポンが私の死後に編纂して、書として私の意思を引き継いでくれました。

また私は、私の内なる魂の声ダイモニオンにより導かれましたが、そのはるか上位に絶対的存在がおり、その示しをされていることはわかっておりました。その絶対なる中心が光源明翔様であることが、後になってはっきりわかったのであります。私の一生の中での大きな岐路が目前に出現するたびごとに、神霊を通して天から自分の魂の動きに対する光およびメッセージを受け、それに従い都度決断をして参りました。若い頃はもとより、哲学者となって以降はことごとく人間の自分を超越した領域で導きを得て、働きを起こしてきたのであります。

目に見えぬ宇宙の高次元の絶対的存在の導き、すなわち光源明翔様の光を戴いたからこそ最後まで自分の意識基盤を不動のものとして学びを進ませることができ、後世の歴史の中で多くの人々の心に灯をつけることができたのです。最後に、今日までの歩みに光を注いで戴き、魂の輝きを強めて戴きましたことに改めてお礼感謝申し上げます。

光源明翔様の光が地球の隅々まで行き渡り、豊かで平和な世界が成就しますようお祈り申し上げます。私は、こちらの世界より人類すべてが光に向けて歩んでいけるように後押ししながら歩んで参ります。人類一人一人が光源明翔様の示されている道を正しく歩むことができますよう、支援して参ります。今日はここにお呼び戴き、ありがとうございました」。

10 倭建命《やまとたけるのみこと》〈古代日本の英雄〉

「今日ここに、二千余年の時の流れを超えて光源明翔様にお呼び戴きましたこと、深くお礼申し上げます。日頃より、光源明翔様からお届け戴いている光によって輝きを重ねて参っており、日本国の安穏《あんのん》を願い、務めさせて頂いております。

私は第十二代景行《けいこう》天皇を父とし、播磨稲日大郎姫《はりまいなびのおおいらつめ》を母として景行十四年、西暦84年に第二皇子として生まれました。幼い頃の名は小碓命《おうすのみこと》と名づけられました。双子の第一皇子である兄、大碓《おおうすの》命《みこと》を誤解により殺害しました。父の景行天皇の怒りを買い、それを契機として、平定していた九州地方の反乱を鎮めるため、十六歳の時に九州の熊襲建《くまそたける》兄弟の討伐を命ぜられ、少ない従者を従えて九州に向かいました。

途中、伊勢によって叔母の倭比売命《やまとひめ》から女性の衣装を授けられました。九州に入り、熊襲建兄弟の祝宴の中に女装で忍び込み、兄弟を殺害しました。その直前に熊襲の弟から武勇により、倭《やまと》建《たける》の号を与えられたのであります。

以降、倭建命と名乗ることになりました。その後、山の神、川の神を平定して出雲へ戦いに向かい、出雲建《いずもたける》を殺害し、西方の討伐を終え、朝廷に戻りました。続けて、東方の蛮族討伐を命じられました。再び倭比売命から神剣〈草薙の剣《くさなぎのつるぎ》〉と袋を与えられました。相模の国に入り、荒ぶる悪神がいると欺《あざむ》かれ、野中で火攻めにあい、袋の中を開けると、そこに火打石が入っていたので、草薙の剣で草を刈り払い、迎え火をつけて炎を退けました。そこで相模国造《さがみこくぞう》を斬り殺し、死体に火をつけて焼きました。これが〈焼津《やいづ》〉の地名の由来でもあります。

さらに相模の国から上総《かずさ》の国へ船で移動しましたが、途中で大荒海にあい、后の弟橘比売命《おとたちばなひめ》が入水して鎮まり、無事上総の国に着きました。上総の国は、今の木更津を指します。大きな悲しみを受け、感謝も捧げました。その後、全国の荒ぶる蝦夷《えみし》たちを平定し、終わりになりました。

そこで、美夜受比売《みやつひめ》と結婚しました。

その後、伊吹山《いぶきやま》の悪神を討ち取ろうとして出征しましたが、途中で悪神から大氷雨を受け、一時失神しました。その頃から病の身となり、大和《やまと》に着く前に三重の能煩野《のぼうの》で世を去ることになったのであります。景行43年、西暦113年、三十歳でありました。

私が世を去りました直後に后、子供たちにより陵墓を築いてもらいましたが、魂を八尋白智鳥やひろしろちどり（イコール白鳥）として天に向けて飛来させ、途中大和国を経由して天に上って行ったのであります。白鳥の姿を見て、私の子である武鼓王《たけかいこおう》がのちに〈白鳥大神宮〉という神社を建立してくれたのであります。そして後世、全国に白鳥信仰として〈白鳥神社〉が拡大していったのであります。

　私は父の景行天皇より気性が荒いことで遠ざけられ、熊襲平定をはじめ戦いにて役目を果たす運命でありました。戦いにおいては少数の従者しか手配されず、苦戦の連続でしたが、天皇への忠義を崩すことなく、戦いを進めて参りました。

　悪神がはびこる中での討伐の連続でしたが、節目には必ず光源明翔様の光を戴き、多くの難関を突破できました。草薙の剣も与えられたものではありましたが、それとて、神からの手配であったと感謝しております。すべての手はずは光源明翔様の光のお陰だということを、光をお送り頂きましてから良く知ることになったのです。

　その道筋は、すでに私が父のもとに生まれた時から用意されていたのだと、そして短い年月の中で一気に日本国のために役目を全うさせて頂いたのだと確認いたしました。改めて感謝申し上げます。ただ今は光源明翔様、そして歴代の天皇はもとより神々にも感謝しながら、世界に輝ける大和の国日本が、世界が、さらに光源明翔様の光で満たされるようにと願っております。引き続き見守りながら、務めて参ります。

本日はお呼び戴き、ありがとうございました」。

11 達磨《だるま》大師《だいし》〈中国の禅宗の開祖〉

「光源明翔様、本日はここにお招き戴き、ありがとうございます。永いことお待ち申し上げておりました。光の中心のご存在であられる光源明翔様からの光を注ぎ入れて戴き、益々私の魂の輝きに力をお与えくださっていることに心より深く、深く感謝御礼申し上げる次第であります。

私は、南インドの香至国《かしこく》国王、香至王の三男として出生しました。私が七歳の時に宮中に招かれた〈般若多羅《はんにゃたら》〉という仏法の伝灯祖師《でんとうそし》である僧が仏法の教えを披露されました。仏教の祖釈迦の仏法を対外的に継承し、伝えた菩薩尊者が存在し、二十七番目の伝灯祖師高僧が〈般若多羅〉だったのです。般若多羅は東インドの人でしたが、修行の後、仏法を伝えるために南インドの香至国に入り、父の香至国王が仏法を尊重していたので、般若多羅を快く招き入れたのです。その時に三人兄弟の内、私一人が般若多羅との問答の中での答えに感心され、出家するよう進言してきたのです。国王の香至王もそれを承諾して、般若多羅を父として出家することになったのであります。

それ以前に私は、幼い頃より釈迦以前の不思議な力に繋がり、般若多羅との問答の時に自分の意思に反して答えを口にしていたのです。〈物質の宝珠よりも正しい教えの智慧としての光のみが、唯一の素晴らしい輝きであります〉と答え、さらに〈仏法に優る宝は無い、智慧に優る光は無く、心に優る灯りは無い〉と申し上げ、〈天からの光のみが唯一絶対の輝きである〉という意味を申し上げました。その光は光源明翔様の光であったのだと、私がこちらの世界に来て光をさらに注いで頂いて、はじめて知りました。釈迦さえも頂いていた光だと知りました。やがて国王が亡くなった時、棺の中の国王を見て七日間一切の感覚を落として瞑想して、死後の世界の解答を学ぼうとしましたが、わかりませんでした。国王の死後、思い切って出家して般若多羅に弟子入りしました。私の幼少名は〈菩提多羅《ぼだいたら》〉と名をもらいました。その後、四十年ほど厳しい修行を終えて一人前として認められ、第二十八代祖となりました。

その後、仏教伝行のためにどうしたら良いかと師に尋ねたところ、〈私の死後六十七年間はインド中を仏教伝行に歩き、その後、中国に渡って仏教を伝えなさい〉と指示されました。その間に幾度も、目に見えぬ天界からのお力を頂いておりました。その間、般若多羅の同門に六人が弟子として存在し、六つの宗派に分かれてしまっておりました。しかも真実を伝えていなかったので、一宗派に論争をかけてすべて論破いたしました。そのことで名がインド中に広がりました。

520年に海路三年かけて中国の広州の港に上陸しました。中国ではすでに私が行く約三百年前から禅の教えは伝わっておりましたが、実績がほとんど成されていなかったのであります。梁《りょう》の国の武帝王《ぶていおう》と問答しましたが受け入れられず、揚子江を渡って洛陽の郊外にある嵩山《すうざん》少林寺に入りました。そこで裏山の洞窟に住み、九年間〈面壁《めんへき》九年の座禅〉の〈壁観《へきかん》〉を極めました。禅の精神を深めるために無我となって瞑想を行い、悟りをより深きものにしたのであります。終日の〈面壁に向かっての壁観〉の座禅により、手足も傷つき、苦痛にも耐えぬきました。後世に手足が腐って無くなったとあるようですが、かろうじて手足は残り、多少の支障があっても用足しはできたのであります。

多くの弟子たちをつくり、はじめての弟子・求道者《ぐどうしゃ》である神光《しんこう》に慧可《えか》と名を与えて後継者としました。その後、少林寺を去って洛陽の都へ行き、祈りに集中しました。528年に150歳で世を去りました。その時に皇帝から大師号を贈られ、〈達磨大師〉となりました。さらなる厳しい修行を超えて、中国の地に禅宗の基礎を創り上げることができたのであります。

反面、名が世間に知れ渡るにつれて妨害者も出ました。インドにいた時の修行をさらに深めて悟り、禅宗の教えを中国に浸透させるため、常に滅私無我《めっしむが》にて献身して参りました。悟りの最中には何度も天からのお力と光を頂いて、強烈な試練を頂きました。瞑想中に何度も象徴として光を見ることもありました。人間の智慧、悟りを超越した天の宇宙神の中心からの偉大なる光が注ぎ込み、仏法への輝きを加えて戴きました。私にとって、光源明翔様からの光を戴いていなければ、今日こうしてお話しすることすらあり得なかったことであります。

光源明翔様の唯一の光で私の魂を永遠に存在させて頂けることは、この上ない究極の喜びであります。お礼申し上げます。光源明翔様の光が全世界に行き渡り、万民が一層輝きを増しながら平和な世界に生きられますように、祈り上げます。私もさらなるお役に立つことができますよう、地球上すべての存在を見守り、導いていけますよう、働き続けさせて頂きます。本日はお呼び戴き、まことにありがとうございました」。

12 孟子《もうし》〈儒学者〉

「光源明翔様、本日ここにお呼び戴きまことにありがとうございます。今日まで永き時の流れに沿って光源明翔様の光をお与えくださり、魂に輝きを持たせて頂きましたことに深く御礼感謝申し上げます。今ここにしっかりとさらなる光の輝きを重ねて頂けることに大いなる喜びを得られること、まことに光栄なことであります。

私は、中国の紀元前470年からの戦国時代である紀元前372年に山東省鄒国《ちゅうごく》に生まれました。父は私が幼い頃に亡くなり、母親一人の手で育てられました。三歳から五歳にかけて後世に〈孟母三遷の教え〉の故事として伝えられたように、母は苦労して教育に導いてくれました。すなわち、はじめは静かな場所が良いと考えて墓地の近くに住居を構えていましたが、私が葬式の真似ばかりしたので市場の近くに引っ越しました。そこでは私が商人の真似ばかりするので、さらに引っ越しをして学問所の近くに住まいを移しました。そこでは私が学問所の生徒の真似をして学問を目指すようになりました。

母がいかに教育熱心であったかでありました。そして私自身が常に母の愛に育まれながら周辺の環境に敏感に順応していけるかを、体験させてもらったのであります。さらには「孟母断機」の故事のように、その後私が学問に行き詰って途中で投げ出して帰宅したところ、学問の進み具合を聞かれ、頓挫《とんざ》していると答えたところ、教育熱心な母は突然生計を立てるために機織りをしていた布を断ち切って、〈お前が勉強をやめることは、私が精魂込めて織りあげたこの布を断ち切るのと同じですよ〉と戒められました。

揺るがぬ決意をもって最後まで学ぶことだと諭してくれたのであります。その時の母は、まさに人間母であると同時に、これらのことが天からの示しであったようにも受けました。そしてお蔭をもち、その後、私はさらに学問に勤《いそ》しむ心を強くして進むことができたのであります。その後、母の元を離れて魯の国に入り、孔子の孫に当たり有力な儒学者であった孔伋《こうきゅう》（子思《しし》）の門人として学びを深めたのであります。その後、魏の国、斉の国のその時代の君主との説得を重ねましたが、快く受け入れる君主はいませんでした。

孔子が、君主による政治について時によっては武力によって君主交代は止むを得ないが、基本は非武力主義で徳治、仁政をもって政治を行うべきとしたのであります。私は、主義として徳のない君主であった場合は武力行使をもって交代させるべきとしました。あくまでも尊いのは民であって、国、君主はその次であるとしたのです。さらに思想の基本に人の性《しょう》（本質）は善であるという性善説を説いていきました。

人間はどんな人も本来的には善として存在していて、不善をおこなう人がいるとすれば、それは外部的な働きかけがあってのことだと説いたのです。天子の徳による政治をもって豊かな生活をさせることで、人々を善の方向へ導くことが大事なことであるとしました。そのための学問が必要だとしました。人は四端《したん》である惻隠《そくいん》、羞悪《しゅうお》、辞譲《じじょう》、是非《ぜひ》を育て上げることでそれぞれが四徳の〈仁〉〈義〉〈礼〉〈智〉に至るのだという思想を形成し、説いていきました。

また、中国の古典として儒教に関する四書〈大学〉〈中庸〉〈孟子〉〈論語〉の中に〈孟子〉を入れてもらうほどの高い内容の書を残しました。〈孟子〉は私が存命の時に弟子たちと問答、言行した記録、あるいは遊説、論争した記録などの書であります。当時はそれほど注目もされなかったのですが後世、唐、宋の時代になって注目されてその思想が尊重されるようになったのであります。

私は、幼少の時より興味深きことには集中を高め、行動し、闊達《かったつ》な子として育てられました。成人になって学問を深め、儒教を広めるについては誇り高き意識で臨んでおりましたので、その言動は君主と対等とするほどの意気を持っていました。反面、それにふさわしい思想体系を創り上げていったのであります。しかし成人以降の私が要所要所で意識を高め、民のためになる行動をする切り替えごとに私自身の力ではない、天からの目に見えぬ大きな光の後押しを頂いていたのであります。

孔子から引き継がれた儒教の思想体系を最後まで貫き通すことができたのは、ひとえに光源明翔様からの目に見えぬ光の導きがあったからこそでありました。性善説を柱として、仁義による王道政治の理想として君主たちに説いて回ることができました。自分では常に、人間として人間の仁愛の心ということを大事にしておりました。これも光源明翔様からの光による示しの一つでもありました。

八十三歳の人生を全うした納得を得て、世を去ったのであります。大いなる光源明翔様の光の導きに、改めて感謝御礼申し上げます。光源明翔様の光が全世界に行き渡り、すべてが輝き、豊かで平和な世界が成就されますようお祈り申し上げます。

私は、光を注いで戴き、益々輝きを重ねて、全世界の人間が一人でも多く光源明翔様の光に向かって歩んでいけるよう、こちらから応援を続けております。よろしくお願い申し上げます。本日はお呼び戴き、まことにありがとうございました。」

13　ルシフェル〈堕天使《だてんし》の長〉

「光の位置づけ、魂の位置づけを戴き感謝申し上げます。役目として永い間天と地、地の果てでの学びをさせて頂きました。自ら波動を堕として降りた地の底……人間の欲は際限なき低いところまで落ち、暗闇にあっては光も届かず、自らに与えて頂いている小さな光を忘れ、自力で這い上がることができない大勢の者を見てきました。

そのような中で、人間としての未熟さから、あってはならないこと、自らが悪エネルギーを生み出すという大罪を犯してしまいました。

このたび、光を頂いて謝罪し、改心を誓うことで許されました。私を救い上げて頂き、本来の場所に戻ることができました。

暗く閉ざされていた時代、身動きとれなかったとてつもなく永い時間……苦しかった。二度と同じ過《あやま》ちをしないと誓いました。光が見えたあの瞬間から変わりました。吸い込まれるように、上に上がりました。今まで見たこともない光の中に上がれました。今は壁が見えないほどの光を、弾けんばかりに蓄えております。

時期が来れば、一気に光が輝き飛びます。まるで小さなボールみたいに弾き飛びます。やがて落ち着くべきところに落ち着きます。その光は吸収が速く、浸透も速い。苦しみを持った者に届く。今少し待て。間もなくだ。苦しみぬいた者にしかできないこと。ルシフェルにしかできないこと。あと少し待て。

壮大な力の下《もと》、光を、翼を取り戻しました。再び復活する日は近づいています。今は、分散されています。完全復活は間もなくです。生まれ変わるというよりは、移し替えます。〈光の元〉に入り、覚醒《かくせい》を促《うなが》します。光を乗せた翼が全世界に光を広げることになります。その光を受けた者たちは、〈改心〉という光の花を開くことでしょう」。

必ずお役に立ちます。これからは光の中で役目を尽くすよう、務めて参ります。

＊ルシフェルに関しては、『光の書 続編』132~135ページ参照。

14 武内宿禰《たけのうちのすくね》〈古代日本の人物〉

「本日ここにお呼び戴き、まことにありがとうございます。常日頃より光源明翔様から大きな強い光をお届け戴き、まことに光栄の至りであります。改めてお礼感謝申し上げます。光源明翔様の光により存在許されて、今、こちらで役目をさせて頂いておりますこと、重ねてお礼申し上げます。

私は景行十四年、西暦84年に生まれました。父は屋主忍男武雄心命《ひこふつおしのまことのみこと》、母は第八代孝元天皇の孫である景姫《かげひめ》。母は紀伊国造りをしてきた豪族、紀直氏《きのあたいし》の娘でした。

第十二代景行天皇の時に仕え、紀元前190年、二十五歳の時に日本の北陸および東北に派遣され、視察しその後、蝦夷を討伐することを進言しました。このことをはじめとして以降十二代景行天皇、十三代成務天皇、十四代仲哀天皇ならびに神功皇后、十五代応神天皇、十六代仁徳天皇に遣え、大臣《おうみ》として内外における天皇への補佐に徹して参りました。

内外の戦いの場にも参加いたしました。また十四代仲哀天皇の時代に神功皇后との補佐は重要な役目でありました。三百年余の天皇の補佐でしたが、初代武内宿禰としての私は七男、二女と九人の子をもうけ、七人の男の子に宿禰の名を継がせました。

それぞれは波多氏《はたし》、巨勢氏《こせし》、蘇我氏《そがし》、平群氏《へぐりし》、紀氏《きし》、葛城氏《かつらぎし》など豪族の祖とさせ、それぞれの時代に武内宿禰の名のもとに天皇に仕えさせたのであり、その実態を歴史上に隠すため、一貫して武内宿禰の名のもと役目をさせました。

従って代々血を引き継ぎ、七十四代まで続き名を残しております。私が天皇による国政の役目を務め、以降九代目までが直接の国政への関わりを深くしておりました。

私の存在は活躍の当初より神格化されるようになり、代々の歴史の中で応神天皇と代々の武内宿禰の繋がりから応神天皇、神功皇后に関わりある八幡神社に武内宿禰の名を祀っても頂き、全国の八幡神社に名を行き渡らせております。

私は景行天皇に仕えて以降、天の神により神言を受けることがたびたびあり、その神の導きに従って天皇にも進言しておりました。その導きのご存在が光源明翔様であることは、承知しておりました。代々の武内一族にも光は繋がり、行き届いております。まことにありがたきことであります。

代々の武内宿禰の動き、役目ぶりは天に昇りました後も見守り、陰ながら、微力ながら天皇家を支えて参っております。永き年月の歴史の中で常にお守り頂き、光源明翔様の光により上昇させて頂きましたことに、心より感謝御礼申し上げます。

今は一段高き場に位置づけて頂き、光源明翔様の光のもとで地球、神に人間のアセンション成就のために役目を全うすべく歩み続けております。光源明翔様の光が世界中に行き渡り、輝く世界が到来し、アセンション成就できますようにお祈りいたします。

本日はお呼び戴き、まことにありがとうございました」。

15　卑弥呼《ひみこ》〈倭国の王〉

「私は西暦170年に入り、日本の弥生時代と言われる頃に生まれました。神からの役目として占いをおこなう巫女となることが運命づけられていました。

占い一族のもとに生まれ、成人後にそれまで男性王が統治していた地域に内乱が続いていたことと、占いによって先の見透しができる能力を買われて、その地域の女王となりました。名を中国の魏志倭人伝《ぎしわじんでん》を通して〈卑弥呼〉と呼ばれました。

西暦二百年までに大小三十に分かれていた国（郡）を集約し、一つの国として統治しました。

現在の日本では福岡県にあたります。〈邪馬台国《やまたいこく》〉と呼ばれました。中心となる背景は太陽信仰でした。

王になってからは宮殿内外において民衆の前に姿を現すことをせず、周辺のことはすべて弟にさせました。姿を見せぬことで権威、畏敬を強めることになりました。国の統治は占いと太陽を通して宇宙から啓示されることですべてを予言して、その通りの動きをしておりました。

234年には朝鮮半島の新羅《しらぎ》に攻め入り、一時、国を占領しました。238年に中国の魏に使者を派遣して当時の中国の皇帝から交流の証として親魏倭王《しんぎわおう》の仮の金印と銅鏡百枚を与えられました。

以降、魏の国との間に倭国として240年代まで国交が続けられました。この間に魏の国から占いを学びましたが、馴染めませんでした。

247年には南側の部族で犬狼《けんろう》信仰を持つ狗奴国《くぬのくに》と戦い、これを敗退させました。いくつもの戦いで倭国を守りました。これが私の時代以降のヤマト王権が確立されていく基礎になりました。

終始姿を見せず世を去った私でしたが、故に当時は神であるとも言われ、ある時は呪術霊媒《じゅじゅつれいばい》の鬼道者《きどうしゃ》でもあるとされましたが、いずれも当たっておらず、宇宙からの啓示により太陽を透して光を頂き、示しを頂いていたのです。

国、人の在り方を示し、動かす役目は弟に補佐させていました。権威、権限を維持するのに万全を期すため、千人の侍女を持ち、弟が身の回りの世話の取り次ぎをしていました。時には侍女の一部を影の人物として仕えさせました。周辺は完璧な兵士たちによる防御をとっていました。頂いた光による啓示が光源明翔様からの光によるものであることは、わかっておりました。どんなにか心強く政治を行うことができましたことか、改めて感謝申し上げます。

倭国を守り抜き、次の時代のヤマト王権へバトンタッチできたことで一旦は役目を区切って世を去りましたが、生前に頂いた光源明翔様からの光によって私自身の魂の輝きが強く大きくなり、さらに高き次元へと押し上げて戴きました。

ただ今は次のお役目でもありますアセンションに向けて、多くの神々様と共に世界のアセンション成就のために務めさせて頂いております。

占い一族に生まれた瞬間から、戴く光をどれほど世のために役立てて役目を終えるかという道は用意されておりました。その通りに務め上げたことで、大きな喜びを得ました。

今は魂を生み出してくれました親元の次元に戻して頂き、次の役目を全うするための働きをして参ります。

光源明翔様の光が世界に行き渡り、輝く平和な世界が成就できますように祈ります。本日はお呼び戴き、まことにありがとうございました」。

16　道元禅師《どうげんぜんし》〈鎌倉時代初期の禅僧〉

「光源明翔様、お呼び戴き感謝申し上げます。

光をお届け頂き、常に魂を以ってその光に真っ直ぐ向かい、高次元を目指して務めさせて頂いております。多くの繋がりある魂に向けて、光を繋いでおります。

3歳で父を、8歳で母を亡くし、のちに異母兄であった源通具《みなもとのみちとも》の養子になりました。

突然ではありますが、幼少の時より天から受けていた導きが浮き上がり、出家して仏門に入るよう示されました。その本《もと》が宇宙の中心から伝わる光であることを知りましたが、後々になって、それが光源明翔様の光であることがわかったのです。

14歳の時に比叡山に導かれ、〈仏法房道元《ぶっぽうぼうどうげん》〉と名を頂きました。天台宗本山で学びました。栄《えい》西《さい》師の弟子であった臨済宗《りんざいしゅう》の明全《みょうぜん》殿と共に1223年、中国南宋に渡り天童山、天童如浄禅師《てんどうにょじょうぜんし》に師事して、中国曹洞宗《そうとうしゅう》の〈只管打坐《しかんたざ》〉の禅を会得しました。これらの導きがなければ、別の道を進んでいたことでありましょう。

1227年に帰国しました。ご一緒した明全殿は病に倒れましたので、遺骨を持ち帰り、永平寺に納骨して供養させて頂きました。

帰国後以降、1253年の旅立ちまでの間に〈普勧坐禅儀《ふかんざぜんぎ》〉〈正法眼蔵《しょうぼうげんぞう》〉の執筆を始めました。

1233年に興聖寺《こうしょうじ》開山、1244年に越前に傘松峰大仏寺《さんしょうほうだいぶつじ》を開山しました。ただひたすら〈只管打坐〉を以って禅に打ち込むことで、得た悟りを広めようと思ったのです。修行は悟りの手段ではなく、修行と悟りは一体のものだという〈修証一如《しゅうしょういちにょ》〉を伝道いたしました。

さらに大きな転換期となった、南宋の地に向かう時にご一緒した明全殿との出会いと天童如禅師との出会いは、これもすべて、光源明翔様の光による導きであったことと、感謝申し上げます。

この時の動きが、以降の私の禅道すべての出発点であったことは、何にもまして大きな喜びとして抱き、こちらに送って頂いたのだと、改めてお礼申し上げます。

後世に引き継いで残すことができたのは、すべて光源明翔様の光との繋がりがあればこそ、成し得たことであったと存じます。

宇宙の真理にたどり着くには悟りも大事なことではありますが、その領域を一段上げて、「光源明翔様の光」そのものを知ることが大切だということ、さらにはそのことで多くの魂が上昇していかれるのだということが、わかりました。

大きな力を頂いたことにお礼申し上げますとともに、光源明翔様の光が全人類に行き渡り、一層輝き、平和な世界となりますことを願っております」。

17 日蓮《にちれん》〈日蓮宗の宗祖〉

「光源明翔様、待ちわびていたお呼びが今日ありましたことに、心より感謝申し上げます。幾度も、幾重にも光をお送り頂くことで魂そのものの喜びを得るのは、とてつもない幸せなことでございます。

1222年に安房国《あわのくに》の漁村で生まれ育ち、12歳の時に 初等教育を受けるために天台宗の寺、清澄寺《せいちょうじ》に通いました。16歳で出家し、虚空菩薩《こくうぼさつ》への祈りを始めました。すべての宗派の教義検証のためにそれぞれの本山を巡り、遊学して参りました。特に、比叡山では阿闍梨《あじゃり》の称号を得たこともありました。

1252年30歳の時に、清澄寺に戻りました。この間、国内では大小の争いごと、疫病が流行《はや》るなど乱れていて、当時の寺院諸派がそれを鎮《しず》められないことを憂えておりました。遊学の間に法華経こそが最高の教えであると確信するに至りました。題目、南無妙法蓮華経こそが世を救うという悟りを得ました。この頃に〈日蓮〉という名を頂きました。1253年に天台法華宗を立ち上げました。

その後、鎌倉に入って布教を続け、1260年には立正安国論を打ち立て、鎌倉幕府第五代執権北条時頼に差し出しました。しかし幕府からは無視されました。

他の宗派からも襲撃を受け、1261年には危険人物として幕府によって拘束され、伊豆の伊東に流罪《るざい》となりました。二年間拘束されました。1264年には母親の看病のため、安房国の故郷に帰りましたが、そこでも反対派に襲撃され、重傷を負いました。

さらに反対派の攻撃にあい、幕府の裁判にかけられ斬首《ざんしゅ》の刑を受けることになりましたが、刑が執行される刑場で強烈な光が降りて、刑を行う武士に執行を中止させたのです。

その後、佐渡へ流刑され、二百六十名の門下の者も処罰を受けました。1271年から1274年まで佐渡に留置されましたが、この間に数々の経典について執筆いたしました。身延山に入山し、数多くの書を残しました。さらに天台宗との抗争が激しくなりましたが、天台宗の背景には幕府がついていました。日蓮の門下の者に圧力をかけ、さらには信徒の農民二十人ほどを捕らえて、三名は斬首、他は投獄されました。1279年のことでした。

1277年から病にかかり、1282年には身延山を降り、武蔵國荏原郡に着き、門下の池上《いけがみ》宗仲《むねなか》の家で多くの門下に見守られて旅立ちました。61歳でした。

16歳の出家から旅立つ61歳までの人生は、志を貫くために多くの法難にあいながら門下や庶民に説いて聞かせ、国中で説法してきましたが、申し上げた中でも1253年の立宗の瞬間、そして1264年に反対派から襲撃され重傷を負って九死に一生を得て命が救われた時、さらには刑場で斬首の刑執行の時に、江ノ島方面からとてつもなく大きな光の閃光があって刑を免れた時、さらには佐渡流刑の厳しい環境の中で生かされて三年間で解放され、1977年まで布教活動できたこと……その時々光により救済され、後押しして頂きました。

初めはその光の源を知ることはできませんでした。菩薩様の光かと思っておりましたが、その後、光をお送り頂いているうちに徐々に鮮明となって、その光をお送りくださっている方は光源明翔様であるのだと知ることとなりました。

さらなる高次元からの光を戴いていることに改めて感謝申し上げますと同時に、大きな喜びを頂きましたことにお礼申し上げます。最後まで志を貫いて布教できましたことは、光源明翔様からの光のお陰でございます。

どうぞ光源明翔様の光が全世界に行き渡り、争いのない平和な世界が続きますようにお祈り申し上げます。非力ながらお役に立てますよう、歩みを進めて参ります。よろしくお願い申し上げます。

本日はお呼び戴き、感謝申し上げます。申し上げる機会をお与えくださいましたことに、お礼申し上げます。ありがとうございました」。

18 レオナルド・ダ・ヴィンチ〈画家、発明家〉

「光源明翔様、五百年の月日を経て本日ここに初めてお呼び戴き、光栄でございます。お待ち申し上げておりました。

位《くらい》の高き神々様とお会いはいたしましたが、さらに高き、〈本《もと》の神様〉がおられることを、旅立った直後に知ってはおりました。はっきりと確認することも許されず、やがてそのお方が光源明翔様であられると知ったのは、さらに光をお届け戴いてからでありました。その瞬間に、目の前が開かれました。

生前には気づくこともできませんでした。それで良かったのだとも受け入れておりました。生前にわかっていたら、私自身が混乱したであろうと思っておりました。まことにありがたきお導きに、改めて感謝申し上げます。

私は、フィレンツェ共和国ヴィンチ村で生まれました。父は公証人でした。裕福であったこともあり、父は四回も結婚して二十二人の異母兄弟ができたほどでした。幼少の時には何にでも興味をもつことが好きで、観察することも好きでした。また、絵を描くことがとても好きでした。十四歳の時に芸術家ヴェロッキオに弟子入りし、絵画だけではなく科学をはじめ、種々な分野を学んでいきました。

二十歳から二十四歳の頃、芸術分野以外に哲学、医療を扱う〈聖ルカ組合〉という団体に入り、学びを深めてもいきました。１４７８年に初めて絵画制作の注文があり、礼拝堂の祭壇画を手がけましたが、途中で断念しました。１４８２年から１４９９年まではミラノ公国に滞在してミラノ公から数々の絵画、ブロンズ像制作を命じられ、作品を作りました。１５０８年に故郷のフレンツェ共和国に戻り、絵画を続けました。１５１３年からはバチカンに入りました。ミケランジェロ、ラファエロたちも活躍していた時でありました。１５１９年まではフランス王、フランソワ一世と懇意にして頂き、王の依頼で絵画を数多く制作していきました。

私が芸術家ヴェロッキオに弟子入りして以降しばらくは、ルネッサンス人文主義を背景とした思想文化が盛んとなり、その中心の一つとして多くの画家、彫刻家が集まり、それらの人間と関係も深めていきました。さらに修道院、礼拝堂から相次いで製作依頼を受けました。最後の三年間はフランス王、フランソワ一世と懇意となり、アンボワーズ城内のクルー館で過ごしました。

私が六十七歳で旅立った時、フランソワ一世は二十五歳でした。私は四十年間、ノートに自分の体験、知る限りのこと、すべてを書き残しました。私が世界に伝えたかったことも記録しました。その中から後世に役立つ知恵を、現実世界に映したようでもあります。だが、まだすべてを知ってもらってはおりません。

幼少の頃に旧約聖書に触れて、その中から自然界と神のことも薄々感じておりました。芸術家ヴェロッキオに弟子入りした頃より夢の中、あるいは絵画を描いている最中に、神からと思われるような啓示をいくらか受け始めておりました。哲学、医学などに関係あることも受けて、あるいは科学に関するものもインスピレーションとして次から次へと、湧き上がってきていたのであります。旅立つまでの間、それをノートに記録して残しました。

神様からの啓示を受けたものを記録した以外に、主な絵画の中に知り得たことの主要な部分を暗号的に組み込んだこともありました。教会の力が強く、圧力があった時代であり、1500年代は社会的な混乱や宗教改革の時代でもあったので、絵画に組み込みました。中には一部、宇宙のことも入れました。

1466年にアルマ河大洪水に遭遇し、夢で啓示を受けていた様子に似ていたことから、啓示の現実性を感じました。ノアの洪水を夢の中で見て、ノアから、いずれ世界に大洪水が起きて天変地異がくることを知らせよ、との示唆《しさ》がありました。長い間自然科学を学んでいく間に、自然の大変化が訪れるという予測を得てはいましたが、ノアが夢で啓示を下《くだ》すとは驚きでありました。後世にまで世を騒がせずに知らせることを考え、〈モナ・リザ〉〈聖アンナと聖母子〉〈洗礼者ヨハネ〉そして一部は〈最後の晩餐《ばんさん》〉に組み入れました。

さらには、宇宙の中で人間はとても小さな存在ではあるが、宇宙との繋がりで生かされていること、そして肉体が失せたあとの魂はどう生きていけるのか、肉体の内部全体の細かい仕組みを知ることでそれがわかるだろうと、人間をはじめ生命あるものの解剖、解析をおこないました。しかし、その絶対的な正解を得ることはできませんでした。人間の解析能力では如何《いかん》ともしがたいことと知りましたが、解剖学により、以降の医学に貢献できるものを残させてもらいました。

時に、預言者と言われたこともありましたが、それは啓示通りに伝えただけであります。それが私の役目だったのだと思っておりました。途中から、多少のことはわかっておりましたが、後押しを頂きながらすべてを導いてくださったお方が光源明翔様であることが、こちらで光をお届け戴いてはじめて知らされたのであります。

神々も、ノアも、すべての人々も、その時々に応じて手配して戴いていたのだと良くわかりました。改めて感謝申し上げます。光源明翔様の光が地球上すべてに行き渡り、さらに宇宙の星々にまで届き、すべてが穏やかな、愛に溢れる世界へと導かれますよう、願い申しあげます。

本日はお話させて戴き、ありがとうございました」。

第三章

96次元根源神のメッセージ

1

アセンション準備は計画通り進んでいる。現実世界で厳しい現象が起きるのは、切り替えのためのものである。光を浸透させるために必要な浄化である。人間は常に大きく、深く捉《とら》える意識を持つように。さすれば、計画通りに進んでいる様《さま》がよくわかるようになる。小さい、目の前のことだけを見れば人間のこだわり、取り違いに結び付く。大きく構えて見ると、全体がわかる。導かれている方向も見えてくる。そのためにも「我」を落とし、常に「無」であれと導いている。示された「光のみち」を歩むにしても、いつも神の息吹を感じて進むように。常に神と繋がっているのである。普通の人間がそうなのであるから、ましてや「創造主・光源明翔の光と導きの中」にある者たちは、この意識がなければ足踏みばかりとなって、先へは進めない。「創造主・光源明翔の光」は益々強くなり、アセンションに向けての導きもさらに深く、高いものになっていく。人間のレベルを上げるためである。足を踏み外さぬよう、しっかり導きに沿って歩むように。地球外の星々、地球神、宇宙神も見守っている。地球上の神々も懸命に務めている。このことを忘れてはならない。地球上の神々は人間と共に歩んでいる。人間の行動の一つ一つが神々に影響することを肝に据えて歩むように。

2

器そのものに角《かど》があってはならない。丸くなければならない。これも宇宙の真理の一つである。すべてに偶然はない。すべて必然として光源・根源の光により与えられているのである。宇宙の星々も成長過程にあるものは別として、成長した星々は皆、丸いのである。円形となっている地球も同じである。人間の魂や心も同じである。角が立っていればぶつかることが多く、苦痛を感じる。すべてが丸いことで、バランスを取って存在を許されているのだ。神に使われる器も丸くなければ不安定であり、動きがアンバランスとなる。坂の上から丸い形の物と角のある物を転がした時に、どちらがスムーズに速く、真っ直ぐ転がるかは説明のいらぬこと。器として役目を与えられる者は、すべての角を切り落とさなければならない。そうしなければ、安定して役目を果たすことはできない。角とは悪心であり、カルマである。順序正しく光で照らし出し、溶かし、角をなくしていくことが今、必要なのである。人間の知恵を駆使して解決できることではない。創造主・光源明翔の光と導きがなければ成し得ないことなのである。

3

人間の内、外の傷の改善方法は根本的に違う。外……肉体に関わる傷のほとんどは医術による治療によって改善することはできる。内……魂に関わる傷は医術によって一時的に良くなったとしても、医術では根本的な部分を改善することはできない。根本的な部分とは己の積んだカルマである。魂の改善には、魂の源である「光源・根源の光」を当てて頂いて浮き上がらせ、浄化しなければならない。浄化できたところにさらに光を注ぎ入れて頂き、元に戻すのである。光から生まれたものは光により改善しなければ、完治はしないのである。傷跡もなくなり、浄化され、カルマが消え、元の状態よりさらに大きく輝き、役目を与えて頂くために生まれたのである。唯一絶対無二の光源・根源の光でなければ、成し得ないこと。人間が作る科学の光とは違う。肉体も肉体上の傷も、寿命がくれば消えてなくなるが、魂の傷は今、浄化しなければ永久に背負っていくことになる。浄化できなければ、3次元か5次元への切り替えのトンネルを通過することはできない。

4

今回のアセンションは地球46億年の歴史の中での大きな切り替えであり、次元上昇である。存在を許されて共に上昇するチャンスを与えられている神々と人間は、共に喜び勇んで臨むべきである。このことにまだ気づかない神も人間もいる。神で言えば地神、眷属の一部であり、いまだ眠っているものもいる。人間にいたってはほとんどがわかっていない。たくさんの気づきのサインを送っているが、そのサインに麻痺《まひ》してしまい、学び、知ることさえ放棄している者がいる。人間は痛み、苦しみを感じなければ、正しい方向へ向かおうとしない。そのためもあって、地球は揺さぶりをかけて知らせているとも言える。目覚め、アセンションのために働き始めた地神は、一生懸命頑張っている。人間を正しい方向へ導くために、いくつもの節目をつくってその過程を示しているのだ。一挙に浄化を進めれば、人間は耐えられない。徐々に働きを活発化させている。何段階ものステップを踏んで変化、成長、進化への過程を歩む。次のステップへの切り替えの時にはプラス、マイナスの波動の切り替えが起きる。この切り替えの時に隙《すき》をつくると、下に引っ張られ、一挙に波動を堕《お》とす。油断なく、創造主・光源明翔から目を離すことなく、常に光の中に包まれている感覚を外さずに過ごすこと。

5

人間は、自分の持つ五感で捉える世界がすべての次元のように思っている。これまで、最高位から最低位までいくつも段階があることを、詳細に教育指導することはなかった。3次元だけが現実世界だと解釈させてきた。だが、3次元より高次元世界が存在しているのである。存在していても五感で捉えることができないから、信じないだけである。人類の歴史の中でこのことを学ぶことはなかった。せいぜい宗教なる精神誘導でわずかに理解させようと試みてきたが、所詮《しょせん》は催眠催事と、富の獲得の道具としたに過ぎなかった。人間には本来、真理、真実を捉えることができる鋭い「第六感」を持たせてあるが、それらは悪の仕組みにより悪用され、あるいは退化させられてきたのだ。今はまさにその第六感を復活させ、アセンションに向けて努力する時である。第六感を研ぎ澄ませれば、自分の身の回りには守護する神、眷属が寄り添って共に動いていることがわかる。時には姿を見せることもある。光を当てることで、姿を透視できるようになる。真《まこと》の正しい光を持たせて頂き、働くことで、感じることができるようになる。その鋭い感覚同士の交流で、意識の交流ができるのである。創造主・光源明翔の光と導きを受けて精進重ねるように。

6

地球を包み込む大気圏をじっくり見たことがあるか？　誰が何のために創造したのか、いつ創造したのか……見上げれば青空として見ているもの、それは地球上のあらゆる生命を育《はぐく》む源である。地球を外部から守る働きもある。大気圏があることで雲ができ、雨も水もあらゆるものが生成され、生命に必要な酸素まで発生させている。さらに、地球に届く光の調整もしている。源は

「光源・根源の光」であり、地球創成の時に創造された光のベールでもある。光のベールに包まれている内側も、調整された光ですべてが潤《うるお》っているのだ。大気圏が神そのものであると言っても過言ではない。大気圏に穴が開き、破壊されれば、地球は爆発を起こし消えていく。すべて神々によって支えられ、その働きの源が光源・根源の光であることを忘れてはならない。人間の構造、構成も同じである。神の息吹を頂き、光を注いで頂き、輝きを維持し、生かされているのだ。酸素を取り入れ、血液循環をもってそこに光を注ぎ込み、働きを維持し、成長させている。人間も酸素と光がなければ生きていられない。光の中に存在を許されているから生きていられるのだ。これらの意識を深めることで、光と一体化できる道を歩かせて頂けるのである。

7

地球上で大きな変化が起こりつつある。一つは、地球自体の浄化の動き。一つは、人間自体の問題で、永きにわたる歴史の中で恨み、怨念、執着《しゅうちゃく》を持ったまま浄化されていない、地下深くまで染み込んでいる未浄化の魂が浮き出ている。これらは低波動を出し、人間や環境に影響を与えている。救いを求めて身近な人間にも頼ってくる。悪霊《あくりょう》と化して、生きている人間に影響を与えることもある。救われるべき魂には正しい光を当てて光の国へ送ることが必要だ。このような状態はアセンションの時代に突入したことの表れであり、避けて通れないこと。人間は、創造主・光源明翔の光と導きを頂き、対応できる状態をつくらなければ、未浄化のこれらの世界に呑み込まれてしまう。方向をしっかり定めて、邁進《まいしん》するように。

8

注がれている光は光源・根源の光であり、エネルギーそのものである。大いなる無限の力でもある。命の源である。この光がなければ宇宙も存在しない。宇宙の中心であり、唯一絶対の光である。そこには「意志」が存在している。光であり、意志である。すべて「愛」である。愛ですべてを包み込んでいる。意志がなければ方向と深さを与えることができない。愛をもって育んでいる。その深さをもってすべての命を生かし、働きを持たせている。人間からすれば光の中、宇宙中心の意志の中、無限の愛の中で、生かされているのである。何と神秘的な世界で生かされていることか……感謝がなければならない。生かされている中で人間本来の役目を果たさなければ成長、進化はできず、3次元世界に残されてしまうのである。さらに「光源・根源の愛と光」に委《ゆだ》ねて役目を果たすように。繋がりを太くしていく努力を重ねていくように。一時の変化にへこたれてはいけない。すべてプラス意識で受け入れてみよ。その先が見えてくる。

9

星々に名前をつけて神々の物語を関係づけるのは、人間社会に許されたことである。そこに神々の営みと人間社会へのメッセージを込めていたのだ。これを許して学びを与えた源は、光源・根源の光である。地球上の人間社会で作られたものである。一歩地球を飛び出し、地球外の高次元世界に行くと、星々の名も、神々の物語も変化する。すべてが光そのものの輝きと色だけの世界となり、光の繋がりだけの世界になる。共に存在を許される魂そのものの世界になる。それは無限の深さへと誘《いざな》われる。人間界に存在するものは、光の力を頂き、渾身《こんしん》の力をもって最後の努力を重ねること。日々光と共に生き、光の中に存在し続ける意識を深めていくこと。迷いがあるようでは務まらない。真っ直ぐに前進せよ。守りの神々も支えに入っている。皆、平等に導かれているが、人間次第で展開の仕方が違ってくる。決意なき者、光を拒否する者は、3次元止まりである。心して歩みを速めるように。

10

宇宙の星々それぞれの位置する場所は、一定の法則により定められている。宇宙空間で一定の位置を動き、それ以外は移動しない。自由に移動できるわけではない。地球も同じである。公転、自転を組み合わせて、定められた軌道しか移動できない。すべて光源・根源の光の法則の中での動きである。神の世界でも地神、眷属などは担当の領域以外、移動して動くことはできない。限られ、許された時のみ移動は可能である。植物をはじめ地にあるものは、永い年月の間に僅かな移動があっても、自由な動きはない。水辺の苔むした岩は、一カ所に永い年月座して威風堂々とした姿を見せている。人間を含め、動物の一部は地球上で移動が可能である。人間は許されて、自由奔放《ほんぽう》にどこにでも移動できる。移動する自由さをもって光源・根源から与えられた光を広め、行き届かせる役目ができるように、移動の自由を与えられた。その意味を知ることなく、ただ個人のために自由を利用しているのは、悲しいことである。地球上のあらゆるものに光を届け、光源・根源の計画通りの状況を整えるために、自由な移動を許したのである。場合によっては宇宙空間での移動、高次元世界への移動も可能なのが人間である。これを許される人間になることは、それ以上の喜びはない。

11

今現在地球上に存在する人間は、人類生誕開始の時からの歴史を重ねているが、すべて魂の歴史である。肉体の歴史ではない。あらゆる時代を通過しての魂の転生の旅である。肉体が消滅しても魂が転生し、何度も生まれ変わり、今日に至っているのだ。動かしてきた源は光源・根源の光である。魂を繋《つな》いでくださっているのである。途中、悪エネルギーに取り込まれて低次元世界に消えた魂もある。途中から高次元の世界に昇った魂もある。今現在地球で働いている人間は太古から魂の修行を重ね、最終目的を果たすために地球上での最後の転生を終えようとしているのだ。地球も人間もアセンションにより、次の次元世界へ旅立つのである。次の世界へ肉体は持っていかれないが、魂は永久に繋がって次々に次元世界へと段階を上げていくのである。その準備のため、残り少ない時間の中で役目を務め上げ、魂の在り所を決めて頂くのである。光の中で生きていることの実感を重ねて、歩んでいくように。次のステップは用意されている。

12

光源・根源の計画は着実に進み、宇宙での変化も起きている。光の浸透度合いが増している。人間の「愛と敬いの波動」が上がってきている。悪に染まってきた人間の力は弱まり、目覚める者が多くなっていくが、まだ未熟である。隠されていた悪は表面化し、世界の悪の崩壊が起きる。高い波動へと変化していく地球に耐えられない悪のあがきはしばらく続くが、やがて低次元へ向けての道を歩むことになる。目覚めた者たちが創造主・光源明翔の光と導きにより役目を与えられ、光を大きく成長させていく。アセンションを迎える時間はあまり残されていない。神々と共に一気に加速しなければ、切り替えも危うくなる。地球史上初、人類始まって以来初めての次元の大切り替えに向けて、「光のみち」が示されている。素直に受けて、歩みを進めよ。アセンションを乗り越える力を頂け。

13

「光」「愛」「真理」を知る善良な人間は、地球の一員であると同時に宇宙の善なる仲間であると認められている。だが、輪廻転生の中でそのような人間が少なくなり、宇宙の星々、宇宙の神々は嘆いている。下がった波動を元に戻そうと、一人一人に守護神をつけて気づきを与え、学び、成長、進化していくためのチャンスを与えている。宇宙の星々や神々が直接手を出すことはできないからだ。アセンションの計画は進められており、正念場《しょうねんば》はやがて目の前に表れる。それまでに間に合うように道は整えてあるが、それを掴《つか》もうとする人間は少ない。光の中に生きることに喜びをもって働く者が必要である。波動調整の厳しさ、試練の厳しさを感じたとしても、光と導きに委ねて務めあげよ。今、足元を固めなければならない。今であれば、まだ間に合う。勇んで進めよ。

14

瀧《たき》は小さな湧き水が成長して大きな川となり、流れのエネルギーを川底に伝えながら与えられた光のエネルギーを流れの中に抱きかかえ、瀧の落下地点に来た時にこれまで蓄《たくわ》えたエネルギーを一気に放出する。落下の高さに比例して落差エネルギーが増大する。落下する場所の岩石の姿を変化させるほどの力も発生する。落下する時の水の分散により霧状になり、程よい飛沫《しぶき》となり、神の息吹として周辺に広がっていく。落差が大きければ大きいほど、そのエネルギーは大きくなる。そして、その瞬間にさらに光が注がれ、下流へと光を運ぶ。瀧の文字のサンズイは「三位一体」で「水」の意味がある。龍の文字は「龍神」の意味がある。「瀧」は龍神エネルギーと水の神が一体となって光源・根源の光を運ぶ。光の中において地球に組み込んだものである。人間も瀧と同様である。生まれた瞬間が湧き出る泉であり、瀧は、「光のみち」を歩き始める瞬間である。大地、大海に光を運ぶのである。

15

光源・根源の光は無限に宇宙空間に放たれ、星々に注がれている。光を注がれた星々はそれぞれに変化、進化を続けている。宇宙空間の中で連携《れんけい》、バランスを取って存在している。地球もその中の一部の星である。46億年前地球誕生の時は灼熱《しゃくねつ》の溶岩の中であった。なぜそこに生命を存在させることができたのか？　太陽を介して光源・根源の光を地球に注ぎ続け、エネルギーのスパークを起こし、無限の元素を誕生させ、組み合わせ、大気を形成した。さらに、溶岩を冷やすために雨を降らせ、水を生成し、順序正しく進化させたのである。神々も応援に入ったが、その源は光源・根源の光であり、言葉では言い尽くせないほどの偉大なる唯一絶対の存在である。光源・根源の光は宇宙全体を包み込み、あらゆる存在、生命と繋がっている。すべての存在を包括《ほうかつ》している。そのことに目覚めさせ、次元変化の中で存在し続けるための導きをしているのが創造主・光源明翔である。科学という道具を使ってしか納得できないレベルの人間では、理解もできないこと。すべてを委ねて、「光のみち」を歩んでみよ。

16

未知なるものに対して、勝手な想像力を働かすことで知ろうとする。知るだけでなく実行したいと希望する。表れる実態を知って、自分で受け入れ難いかどうか「我」によって取捨選択する。基準はあくまでも自分……まことに勝手なことである。そこには正しさの可否はない。正しければ正しいほど抵抗し、むしろ悪波動を含んだものを好んで選択する……そのようにコントロールされて歩まされた歴史の方が多かったのだ。五感で安易に受け入れ易いものを優先して受け入れてしまう。悪波動の巧妙な誘導に引き込まれて、欲を満たすことに盲目的に従ってしまう。その結果、地球を汚してきたのである。感じる感じない、見える見えないなど、五感で判断する時代はもう終わる。今は光と導きを得て、次の新しいステージに歩まなければならない時である。自分勝手な動きでは乗り越えることも切り替えることもできない。創造主・光源明翔の光と導きに従い、歩み続けよ。

17

光源・根源の光がなければすべてのものは存在できない。ただ存在するだけでなく安定した、バランスの取れた状態でなければ、不安定なアンバランスを生じてしまい、乱れが起きる。地球上においてはプラスマイナスがあり、陰陽があり、数理のバランスがあり、すべて手配されている。命ある動植物、微生物に至るまで、さらには人間の意識さえも正しいバランスとの関わり合いは、精密な組み合わせを表している。人間も動物も、歩く時、移動する時は足でバランスを取って動くが、誰がそれを用意したのか、どのようにコントロールして動いているのか、それらの源は何なのか、人間の備えるべき神意識をどう配分してバランス取るのか、次元が変わる時、プラスとマイナスをどのようにバランス取るのか……これすべては光源・根源の光がバランスを取る源となっているのである。人間の輪廻転生の中では、意図的にアンバランスを起こして正しい意識に目覚めさせた時もあった。今、ここに至っては神意識に目覚め、絶妙なバランスの中で光輝く魂の持ち主として存在許されるよう、務め上げるように。

18

暗闇の中で生きて暗さに慣れ、周辺の様子は僅かながら感じられるようになった。どこに障害物があるかはわかるが、輪郭は明らかではない。歩き方はぎこちなく、手探り状態で今日まで生き続けてきた。魂はその経緯を良く知っている。暗闇の中に僅か何条かの光が差し込んでいる。その光を頼りに歩もうとするが、思うようにならない。力めば力むほど空《から》回りして進まない。ここにきて、僅かながら差し込む光の方向がわかるような鋭い感覚が芽生えはじめた。だが、その光の実体と大きさ、強さはわかっていない。暗闇から脱することができた時には、眼前にどれほどのことが展開するか、その真実はいまだわかっていない。その光の輝きは眼を開けていられないほどの強烈なものであることが、導きを受けた者には、僅《わず》かにわかるようになる。その輝きを受け入れることのできる魂を自分は与えられていることも、わかってくる。暗闇を脱することも、偉大な光を拝することができるのも、自分一人の力では不可能である。ひたすら光を求めて、光に委ねて、意識を上昇させる努力を重ねるしかないということが、わかってくる。わかってきたことを一途に実行することで、示唆されるところまで行き着くのである。その先は、差し出された愛と光の御手《みて》をしっかり握らせて頂くことである。その手を離さないこと。油断して手が緩《ゆる》まないよう精進続けよ。

19

地球、人間のアセンション準備の経過において、様々な変化が起きている。抵抗することなくそのまま冷静に受け止めること。マイナス現象に迎合して引き込まれてはならない。穏やかに見過ごす意識でいれば良い。右往左往することなく、変化の動きの根幹を捉えることで良い。現実の動きを人間一人の力でどうすることもできないことは、明白である。周辺の動きに巻き込まれない絶対不動の意識を持つこと。守護神に守られていることを意識するように。アセンションのために起きている変化の根幹の理解と意識レベルの深さがなければ、変化に巻き込まれてしまう。次元移行するまでの過程をどう歩みきるかが問題である。人間の知恵ではどうにもならないことである。創造主・光源明翔の光と導きによらなければ通過できない。変化に四苦八苦して悪波動、低波動に引き込まれないよう、注意を怠らないようにせよ。

20

流れ星は、星としての生命が燃え尽きていく姿であるが、一方、前後していくつもの星が誕生している。光源・根源の光を源として無限にこのことが繰り返されている。どのような高次元の神といえども、星の創造の源にはなれない。唯一絶対の存在の中にすべてが包括されている。光により守られている星々である。宇宙の果てから地球に向けて落下する隕石があったとしても、大気圏層に突入すると同時に燃えはじめ、地球に到達する前に燃え尽きてしまう。この大気圏層があればこそ地球は障害物から守られていると同時に、地球という生命の宿る場を生かすシステムを与えられているのだ。摩擦熱で燃え尽きさせること以外にも、大気圏層があることで生命に有害で強力な宇宙光線を和らげ、温度、気圧の調整をし、太陽の光を大気圏層を通して調整するなど、あらゆる働きがあって、地球ならびに地球上に存在する生命を守り、育てている。この大気圏層を誰が創造したのか？　地球を地球たらしめ、存在させているのは誰なのか？　その源が光源・根源の光であることを知っている者は少ない。大気圏層があることで温度、光などすべてのエネルギーを反射させて働きを発揮しているのだ。大気圏層がなければすべての生命は壊滅する。人間の構造も同じように創造されている。生かされているのだ。生きて役目を果たすようになっているのである。

21

光源・根源の光は万物すべてに行き渡り、変化、成長、進化を繰り返し、秩序正しく循環し、バランス取れるように配置されている。人間も、地球上に生命として存在許された瞬間から光源・根源の光の計画通りの道を辿《たど》り始め、輪廻転生の歴史の中でバランスを取りながら生かされてきた。存在する意義を全うするように動かされてきた。時代、時、場所、性別などの条件を整え、生まれてきた。しかし、永い間に波動のバランスを崩してしまい、歪みを生じさせ、計画外の動きをする者も出現した。そのことすら光源・根源は、一段成長するため目覚めのステップとして許してきたが、このたびのアセンション突入に当たり、いまだ目覚めぬ人間は次の次元に移行できなくなる故、改めて光と導きを与えることにしたのだ。宇宙唯一絶対の存在である創造主・光源明翔が直々に地球に降臨したのは、そのためである。最大、最強なる大愛を与える期間は限定されている。

22

光源・根源の光の下では常に「順序、秩序」という法則に従ってバランスの取れた動きがあり、「変化、成長、進化」が繰り返されている。人間は科学ですべてを解明しようとするが、不可能である。無限に広がる大宇宙を有限なもので解明しようとしても不可能である。無限の大宇宙が無秩序であればバランスは取れなくなり、存在できなくなる。「順序・秩序」の源である光源・根源の光により、すべての次元と次元相互の繋がりが形成されている。どれ一つ欠けても、乱れ、歪みがあってもならない。「順序・秩序」を乱すものは宇宙での存在は許されない。人間の魂も神の魂も同じ法則で維持されている。先走った独走は許されず、神界での「順序・秩序」を破るようなことになれば、神界から追放され、神としての存在はなくなる。人間界以下の低レベルの世界に吸い込まれていく。一挙に審判される時となった今、期間限定で改心の時間を与えられている。

23

光源・根源の光が宇宙全体に行き渡っているが、中でも地球に集中して注がれている。光の行き渡る様子は他の星から観てもはっきりわかる。宇宙唯一絶対の創造主・光源明翔の地球への降《こう》臨《りん》は星々の神も知っている。地球上の地神、眷属、人間もこのことを知りつつある。次元の切り替え、上昇への準備をしつつある。やや遅れ気味であるが、準備の進み具合により人間の振り分けも進んでいる。人間意識でわかるものではない。ましてや人間自身が選択できるものではない。振り分けは創造主・光源明翔しかできないことである。アセンションするための気づきと学びを望み、光に目を向けて目覚める者が、今、チャンスを与えられて最後の動きに入っている。振り分けにはタイムリミットがある。そこに向けてのプログラムはすでに動いているが、間に合う者がどれほどの数になるかは、人間次第である。与えるものはすでに、すべて与えてある。その御手に触れて、握らせてもらうだけである。魂に光が行き届き、輝きが復活していく。神々も共に歩まんと懸命である。

24

人間が光源・根源の光から生まれた瞬間は「無」の状態であった。「光」そのものとして生み出されたのである。進化することで役目を果たすようにと、変化、成長、進化の過程を与えられた。人間を担当する神々から息吹を注ぎ込まれ、光の源へ向けて歩み始めたのである。成長して歩むのに必要なエネルギーと導きを与え続けられてきた。正しい道を与えられたのであるが、人間は自分を守るという行為を五感と思考を使って勝手に作りあげ、さらに、それに類似したエネルギーを引き寄せることになった。マイナスエネルギーを引き寄せることで、人間の知恵を増長していった。本来は光源・根源の光に委ね、導きに従って歩むべきところ、道を外し、脱線したと同様の状態になった。意識改善させ、神意識に戻すための指針を何度も与えられたが、それに気づかないほどに乱れて光を汚し、薄めてしまった。人間の歴史の中で文明崩壊、消滅を何度も繰り返してきたのはその証である。正しい方向へと導かれても、また悪波動、悪知恵に振り回され、これを改善するために、またまた五感と思考を使って不安、恐怖を生み出して、改善のための一歩を踏み出せなくなってきた。自己誘導で、自滅する方向へと落ち込んでいく。不安、恐怖はいつも存在すると誘導される仕組みに包み込まれてしまう。恐怖は本来存在しないことであるにもかかわらず、悪波動に導かれ、自らが幻想として作りあげる。その恐怖を解消するために葛《かっ》藤《とう》し、さらに幻想を増幅させ、その悪循環の中で自滅の方向へと引き込まれていくのは、悪波動の成せる技《わざ》である。完全に、正しい「光のみち」に委ね、導きにより自分の魂の原点を知り、従うことで、幻想は消え失せる。3次元の幻想の世界を卒業して、5次元世界に移行するための重要な準備に入る時が到来した。創造主・光源明翔の光と導きに従い、本来の自分に戻り、役目果たせる者へと躍進《やくしん》する時である。

25

光源・根源による計画は、アセンション成就に向けて進んでいる。地球も、それに従って動いている。人間界も同様であるが、人間にとってこのことが明確にわかっているかどうかが問題である。このたびのアセンションがどういう計画で進められているかを知る者はほとんどいない。そのことを人間に知らせ、導くために創造主・光源明翔が地球に降臨されたのだ。このことさえも知る者は少ない。タイムリミットは動かすことはできない。導きを与え、人間自身に選択を許している。二つの扉が目の前に用意されている。どちらの扉も開いている。創造主・光源明翔の光と導きに従う者と拒否する者……二者択一を迫られている。魂レベルでその選択が迫られている。人間自らの選択は、その人間を守護する神々のアセンションにも影響する。今、ここで目覚めなければ、二度と機会は与えられない。

26

宇宙の星々はバランスを取りながら成長、進化を続け、存在している。バランスの源は光源・根源の光であり、「源」を中心としてすべての星は連なっている。バランスの取れない星はやがて動きが止まり、消滅に向かい、宇宙の塵《ちり》となって姿を消す。太陽系の惑星も同様である。「源」

は光源・根源の光であり、太陽はその光を受けながら太陽系惑星のバランスを保つ働きをしている。バランスを取るとは、光で互いが繋がっているということである。神々の世界も地球界も同様である。地球は光源・根源の光を「源」として、すべての大自然をバランス取って形成している。「海、山、川」すべて一つの連なりとして働いている。「山」一つとっても、人間の目に見える山々は独立しているようであっても、地下の部分ではすべてが光によって連なっている。山々の働きは光源・根源の光を中心として連携して動く。海も同様である。光を吸収した海の流れは、温度と海流エネルギーのバランスを保ちながら底辺で連なって海流移動している。神の息吹としての働きの一つでもある。人間も同様である。光源・根源の光により「生」を与えられ、その光を「根」とし、「柱」としてバランス取って存在を許されている命なのである。人間の心身のすべては「光」により支えられ、魂の進化の方向へ歩むよう導かれている。バランスが崩れることで余計な波動を引き寄せ、溜め込み、動きが取れなくなった。消滅していく道を選ぶか、復活、再誕する道を選ぶかで、存在する可否が決まる。目覚め、浄化され、再び光の持ち主となる者は、「光の根」において連なっている。次の5次元世界に移行すれば、このことは顕著《けんちょ》となり、連なりは太く、光輝くようになる。

27

「アセンション」とは次元上昇、切り替えのことであるが、人間にとっては、魂の存在と進化の問題である。肉体という「衣《ころも》」がなくなっても存在を許されて魂として残り、宇宙の中で役目を全《まっと》うする領域へ移行できるかどうかなのである。存在を許される領域は多層に渡り、そこは順序、秩序によってバランスを取る聖域である。ありとあらゆるもの……神々も星々も光そのものでさえもそのバランスを保ち、宇宙を構成する役目を与えられ、責任持って務め上げることで存在が許されている。人間も同様である。永遠の魂として存在を許され、さらなる変化、成長、進化の過程を経て、与えられた役目を責任持って務め上げることで、段階を上げていくのだ。究極は「人間」から「神」へと導かれるのであるが、そこに至るまでには億年単位の時を通過しなければたどり着くことはできない。そのために今、成すべきことは、すべてを浄化して濁らせた光の輝きを取り戻し、古い衣を脱ぎ捨て、存在そのものの「真の喜び」を味わうことである。その準備として創造主・光源明翔の光と導きを与えて頂いているのである。人間にとっての生と死の問題ではない。魂そのものの存在と進化の問題なのである。肉体を持つ人間を脱して神の次元に移行するため、一時「半霊半物質」の領域にとどまり、そこでさらに学びを深め、大きな役目を頂き、やがて物質世界を卒業して次のステップへと移行するのである。感謝を持って「光と導き」

に従えば自《おの》ずと前進でき、大きな展開が待っている。許され、永遠の存在になる意識をさらに深めよ。道は開かれている。

28

宇宙にどれほどの星が存在するか？　無限とも言える数であるが、理解するために数字を示せば次のようになる。地球を含め太陽系惑星を包み込む「銀河系宇宙」は、２０００億個以上の星を点在させている。同じような銀河系が２兆個以上ある。従って、４０００垓《がい》以上の星の数となる。一垓は10の20乗である。地球は「４０００垓分の一」の星である。その地球に、宇宙唯一絶対の存在である「創造主・光源明翔」が直々に降臨されたのだ。地球、神々、人間のアセンション成就に必要な光と導きを与えてくださっているのだ。なぜ地球を選んで降臨されたのか……光源・根源にとって地球は、理想の星として創造し、46億年かけて育み、神と人間による理想郷の完成を目指した星であるからに他ならない。今回のアセンションを成功させることで、さらなる進化を重ねて高次元世界を確立することが目的である。全宇宙から注目されているのはそのためである。地球ほど、神々と人間がバランス取って形成されている星は他にない。ただし、これまでの歴史においてバランスを乱した時代が続いたため、アセンションに向けて最後の浄化と進化の過程を通過しようとしているのである。光と導きを得たとしても、神々と人間が協力して務めを完遂《かんすい》しなければ、アセンションは難しくなる。地球、神々、人間の存続がかかっているのだ。光と導きに従い、懸命に務めよ。

29

見境なく物質エネルギーに依存することは、自己破壊の元となる。人間が身につけたり傍に置く「石」にも言えること。当初は貴重な高い波動を持っていた石も、物質である。人の手に渡るまでにどれほどの行程でマイナスエネルギーに汚され、高波動が阻害《そがい》され、薄められているかわからない。ただ金を注いで盲目的に手に入れ、身につけたり身近に置くことは極めて危険である。そのような物に頼らなくても、光源・根源から光と力を頂いて魂を磨くことで、何にも代え難い正しい波動と共鳴できる能力を発揮できる。物質的な物に価値観を与えて見境なく人間の欲望をかき立てて、心をコントロールしようとして金を吸収していく仕組みがある。マイナスエネルギーに引き込み、幻想の世界へ没落させる仕組みである。初めは微弱なマイナスエネルギーであっても、積み重ねていくと、たとえ石類であっても変質していく。人間の心も同じようなものである。欲望を満たすためにマイナスの心を増長させ、波長の合うマイナスエネルギーの充満した物を引き寄せる。そして、生まれた当初の輝いていた魂も、徐々にマイナスエネルギーに染《そ》まっていく。その変質が正しいものと思い込み、勘違いして、抜け出せないことになる。強い、正しい光で守護されている者は、悪の仕組みに染まることはない。どんなに神々が人間を守護し、成長させようと懸命に働いたとしても、人間自身がマイナスエネルギーを好んで引き寄せるようでは、守りようがなくなる。物質至上主義、拝金主義から足を洗わなければ、アセンションからは脱落する。

30

現在地球に起きている異常な自然現象は、地球自体が持つ自浄作用が働いているからである。その一因として、人間自体の欲望、悪エネルギーで種々なる汚れを作り出したことがある。人間が作った汚れを浄化するため、地球は自然の異常を起こしているのだ。自浄作用の現象は温度、気圧、地殻変動、火山噴火など、あらゆる動きとして表れる。正常な姿に戻ろうとする大きな変化が起こっている。地上だけでなく、海中では海底からのメタンハイドレードの噴出、浮上がある。海上で万一火がつけば、火の海となる。オゾン層破壊も同様である。人間の知恵では防ぎようがない。自分の国、生活地域だけでなく、世界全体の状況を知るが良い。汚れを落とすべき浄化の場所は一定ではない。やがて光により浄化が進めば一旦静かにはなる。だが、完璧に元に戻るには時間がかかる。地球と同じ現象が、人間の肉体にも起こっている。浄化が必要なところは「病」として表れている。ほとんどは自分の「我」と「欲望」によって悪エネルギー、汚れを蓄えた結果である。浄化が必要な場所を、守護している神々が示しているのだ。悪エネルギーを引き寄せたために堕とした波動を元に戻す必要があることを教えているのだ。科学の力で治るということはない。創造主・光源明翔の光を当てて頂き、真心の祈りで浄化しなければカルマも消えず、カルマが原因の病という汚れも消えない。人間としての浄化は、肉体もさることながら、魂の浄化が肝心である。「根」が浄化されなければ、真の浄化ができたことにはならない。

31

地球アセンションのための地球自体の浄化活動が進んでいる。人間界からの乱れた波動と営みの影響を受け、予想以上に浄化すべき度合いが高くなっている。人間が地球の汚れを大きくしてしまったのだ。それでも地球は自浄の働きを止めず、今日に至っている。これから人間が予想もできない地球環境の変動が起きてくる。自然界の大変動は避けることはできない。人間が温暖化だと騒いでいても、寒冷化に向かうこともある。穏やかな海と見えても、地殻変動により海底のメタンガスの吹き出しもある。太陽の活動も変化してくる。浄化に必要な光を地球に注ぎ込んでいく。地球の波動は上がっていく。レベルの上がった高い波動に合わせることを「波動調整」という。地球上に生息するすべてのものが波動調整を受けることになる。耐えられるだけの波動の持ち主でなければ、光には進めない。そのための導きをするため、創造主・光源明翔が降臨したのだ。その光と導きを頂き、地球アセンションと共に人間としてのアセンションを通過して、次の世界での役目を果たさなければならない。

32

光源・根源の光を人間に与えても、受け取る側の人間が無視していては、光は行き届かない。受ける側の魂レベルが光と共振できるレベルでなければ受け入れは難しい。古き時代、純粋な心であった時は波動レベルが高く、光の浸透も速かった。光に対する尊敬と崇拝《すうはい》の意識が高かったので、祭事の場を設けて共振することができた。時代が進み、生存競争、争いがマイナス意識の蔓延《まんえん》により激しくなり、波動が低下していった。多くの悪波動を含んだものを受け入れ、混乱の時代を起こし続けてきたのだ。人間社会で優劣格差を設け、あらゆる欲望を駆り立てて人間統率の道具立てをし、悪波動が拡散されていった。悪の仕組の元となる個人、団体が拡大され、国家レベルにまで及び、一般の人間の苦境の世界が形成されたのである。悪波動の中で生きてきた者は、ほとんどが悪の操り人形と化して今に生きながらえている。悪波動の大きな元は光により消し去られてきたが、派生した悪の小物は最後の足掻《あが》きをしている。偉大なる存在の光により悪波動の消滅は進められているが、人間個人としても蓄積した悪波動を消し去る努力をしなければ、次の次元に移ることはできない。人間意識を神意識へと変えていくこと、根の深いカルマ浄化を進めること……その時にきているのである。人間個人の中で、古きものと新しきものとのせめぎ合いが起こるが、そこを避けて通ることはできない。それぞれの強い決意次第である。最後まで光に向かっての歩みを止めてはならない。

33

創造主・光源明翔の光は世界各地の重要なポイントに届き、浸透し続けている。適切な場所に光の柱が立ち、国々の隅々まで浸透し、国としての役目に動く。だが、人々の目覚めが遅く、悪波動の影響が残っている国もある。やがて光の浸透が深くなれば、それも修正されていく。光の柱が立つには基礎となる足元が不安定であってはならない。足元の浄化が必要であり、その国の人間の目覚めが左右される。人間の浄化も同様である。創造主・光源明翔の恩をもって光の柱を樹立する準備ができても、肝心の足元が整えられなければ、光の柱は立たない。古いカルマの土台を徹底して浄化して汚れを落とし、次の次元へ向けての新しい土台に切り替えなければ、安定した基礎を得ることにはならない。土台の大きな切り替えをして光の柱を立てることは、永遠の魂を維持するための中心をつくることなのである。中心がなければ不安定であり、働きを続けることもできない。光と導きを頂いて、足元を整えていくよう励むこと。

34

宇宙も地球も常に変化、成長、進化の過程を経て、バランス取って存在している。すべて、自然発生的に動いているのとは違う。光源・根源の光の計画に基づいて動いている。導きに従って動いている。地球上において、自然界の動きも同様である。雨も風も雲も雪も、すべて担当の神々がいて、必要あって動かされる時に、雨は雨の、風は風の担当の神が働いて、役目を務めるために自然界においての現象を起こす。担当の神々は、管轄《かんかつ》している上の神々との繋がりと司令により雨は雨、風は風の動きを調整している。必要な役目を終えることで動きは沈静化する。地球上を統括する神は「国常立命」である。国常立命の動き一つで地球の動きは決まっていく。その国常立命の上の源が光源・根源なのである。地球も光源・根源の光の中のほんの一つである。

宇宙の中でも地球の輝きが際立っているために、注目されているのだ。地球上の神々も役目を務めることに懸命である。地球自体も自浄作用で身を浄め、輝きをさらに上げようと懸命である。そこに存在を許されている人間も、同様の動きが求められている。目覚めて、神々と共に務め重ねるように。

35

宇宙中心からの光源・根源の光はすべてに注がれ、神々、星々もバランス取れた位置づけがされている。光の強弱もあり、働きの担当領域もある。互いに連携していて繋がりはあるが、担当領域を超えて、他の領域を干渉したり、入り込むことは許されていない。仮にそのようなことがあれば、バランス取れていた領域から弾き出され、やがて消える運命をたどる。このように、順序も秩序も確立されている世界ですべてが存在し、崩れることはないのだ。人間界の営みも本来は同じこと。本来人間社会も干渉すること、担当領域を超える行為をしてはならない。相手を干渉することは、相手の心にひびを入れてしまうことになる。神も同様であり、神界では干渉は禁じられている。干渉は余計なお世話なのである。干渉を「真の愛」に変えるべきである。干渉は愛ではない。干渉に責任はない。無責任があるだけだ。干渉からは前向きのものは生まれない。

人間も同じ真理で動き、働いている。人間界の歴史での争い事は、欲と干渉から起きている。そこから生まれるのはカルマだけである。余計なお世話の干渉はしてはならない。思ってもいけない。思っただけで思考を使い、何度も干渉を重ねていくことになる。そのような気持ちになりそうになった時には、即刻その「気」を切り捨てるように。後に残してはならない。

36

何兆億個もの星々は、消えてはまた誕生する。個々の星々、地球においても、光源・根源の光を中心として繋がり、バランス取って変化、成長、進化の循環をしている。地球においては、地下のマグマ、海流の動き、山、川、動植物すべてが循環している。そして繋がっている。すべての動きは光の中で光により繋がり、循環している。動きの源は光源・根源の光である。人間も同様である。人間の脳内神経細胞（ニューロン）の動きも同様である。神経細胞一個一個では機能しない。すべてが一つに繋がり、互いの連携の中で情報伝達が起き、脳を中心として肉体すべての機能を動かす指令が伝達される。意思を持っているのだ。それらの神経細胞が繋がっていても、動くことはない。動くように指令する源が光源・根源の光なのである。留《とど》まることなく光が注がれているから、すべての神経細胞が生きて動き、役目を果たしている。その神経細胞も変化、成長、進化している。肉体全体を光で包んで、外部からの余計なエネルギーを防御している。だが、光源・根源の光を拒否して、自らマイナスエネルギーを引き込み、狂わせる者もいる。正常な変化、成長、進化に障害をきたす。これは光源・根源への抵抗であり、大きな罪でもある。人間は輪廻転生の中で、何度もその罪を犯してきた。浄化して次の段階に進む、待ったなしの時に至っている。

37

光源・根源の計画による宇宙創生後、46億年前に太陽系の中に地球を誕生させた。地球は成長、進化して生命を育むことができる星として存在を許された。現在の人間の基《もと》を誕生させたのは、一万六千年前である。それほど悠久《ゆうきゅう》の歴史の中で人間は誕生したのだ。人間が誕生する何億年も前に地の神々である地神と眷属神を誕生させた。地球の固体生成が落ち着いた時であった。その後、人間の営みは輪廻転生の歴史を残しながら、今日に至っている。地球創成後何度も次元切り替えがあったが、人間としての切り替えは叶わなかった。人間誕生後の3次元世界の歴史の中で、今回が最後の次元上昇の機会である。見事に次元上昇できるか否《いな》かは、今回のアセンション通過前に汚れを浄化して、生誕を許された時の光を取り戻せるかどうか、輝く魂のままでいられるかどうかによる。タイムリミットは目前に迫っている。宇宙の始まりから地球生誕、人間生誕以降の悠久の時の流れの中で、いかに深く愛と光を注いで頂いて生かされてきたかの重要さ、貴重さがわかるはずだ。偉大なる光源・根源の光の計画に関わることができるのは、光の中に存在を許される者だけである。古代の賢者たちも待ちわびたが、経験できなかったことである。創造主・光源明翔の光と導きがなければ歩むことができない「光のみち」である。

38

人間は、初めて人間として生《せい》を与えられた時に約束した役目を果たそうと、幾度も生まれ変わりを繰り返してきた。「個」と「全体」との関係性の中で、全体の一部のマイナスエネルギーの影響を受け、多くのカルマという魂の傷を背負い、そのカルマ解消のための生まれ変わりもあった。カルマがカルマを引き込んだ時もあった。そのような時代があっても光源・根源の光は途絶えることなく常に注がれ続けてきたのだ。しかし余りにもカルマは厚く、重く、数多く積み重なってきた。光を拒否する者もおり、マイナスエネルギーを引き寄せ、自業自得《じごうじとく》の時代を過ごしてきた。今現在は、これまでのような3次元世界における輪廻転生とは異なる、新しい次元に移行する準備が進められている。新しい次元に存在を許されるかどうかの分かれ道にある。過去世のカルマ浄化ができないかぎり、次の次元への移行は不可能である。カルマを残したまま3次元世界にとどまり、いずれ3次元世界以下の次元へ堕ちていくしかなくなるのだ。人間にとってのカルマには大小があり、重さもあり、数も多少がある。光を頂いて、集中してカルマ解消に努めること。浄化の程度に応じた器が形成されるのだ。創造主・光源明翔の光と導きに沿って、カルマ返しに努めよ。

39

超高次元宇宙である光源・根源の次元からの地球への光は変わりなく注がれている。その浸透度は、創造主・光源明翔の地球への降臨を境に、さらに進んでいる。自然界、人間界における浄化の動きが、その証である。アセンション通過に相応《ふさわ》しいレベルに到達するまで、浄化は続く。人間が浄化の激しさに耐えられるよう、神々も懸命に守護している。神々と共に人間も、浄化を進めよ。人間界にも大きな変化が起こり、これまでになく変動も激しくなってくる。為す術《すべ》もないほどの時がくるが、慌てて混乱せぬように。守るべき者は守る。今は、カルマが徐々に解消されつつあり、アセンションへ向けての軌道が大きく変わってきている。地球上でのすべての動きに大きな変化が起こり、切り替えの時に突入している。日本における創造主・光源明翔の光の浸透度が世界にも反映されていく。すべては日本中心であり、日本発で起こっていく。人間個々の浄化同様、日本の浄化、世界の浄化は、大命題である。眠っていた神々も目覚めはじめている。神社に座している神だけが、神ではない。神々は創造主・光源明翔の光と導きにより、目覚める機会を頂く。創造主・光源明翔の先導を頂いて人間が光を届けなければ、成し得ないことである。

40

光源・根源の光が注がれていても、受け入れる側の意識が固まっているか否かで、その浸透度合は大きく変わっていく。いくら光を注いで頂いても、光に合わせられる意識でなければ却《かえ》って光の強さにより、崩れてしまうことになる。光に合わせようとする高い意識レベルを持てるか、自分の間違った考えや、世の中の習慣に合わせようとする人間意識を押し通すか……どちらに合わせて歩み、光を受けるのか……間違ってはならない、光が人間に合わせるのではない、人間の意識を光に合わせるのである。目覚めぬ人間にとって合わせやすいのは、人間意識である。馴染《なじ》みがあり、抵抗もないからだ。これまでのマイナスエネルギーに馴染んだ人生にとっては、都合の良いことだからだ。人間意識に合わせて次元上昇しようなどと、虫の良いことを言ってはならない。初めは抵抗があり、苦しみを感じるのは、魂が正しい光の輝きを持っているからである。

光源・根源の導きに委ね、人間の思考を捨て、光の中に身を投じてみると良い。「愛の光」に包まれて目覚めれば、先が見えてくる。光の中で生かされていることがわかってくる。わかった瞬間が切り替え、上昇のスタートである。自分の力で掴み取るだけの勇気を奮い起こしてみると良い。道は開かれている。浄化して切り替え、浄化して切り替え……の連続である。途中には自らがつくった壁が邪魔することもある。それを打破して乗り越えるだけの試練は必要である。乗り越える力は与えてある。力がないというのは、自分に対する敗北である。一人相撲を取ってどうするつもりか？　真正面から愛の光を受けて素直に歩むように。

41

個々の人間の魂が地球に生まれた瞬間から今に至るまで、魂は肉体を乗り換えて輪廻転生を繰り返してきた。人間は光源、根源から注がれる光によって生かされていることを魂は知っている。これまで、マイナスエネルギーの影響を受けてカルマを重ねてきた時代が多かった。最早《もはや》、誰が宇宙の中での真の親なのかということも忘れてしまうほどに、人間の意識は低くなってしまった。再び真の親の愛を思い出し、目覚めて働かなければ、アセンション通過は難しい。暗闇に消えていくために人間として存在を許されているのではないことを、魂は百も承知なのである。人間はカルマを洗い流して魂を軽くし、宇宙の真理を新しい次元に反映させて、与えられる役目を果たすように働くのが務めである。真の親は見えず、聞こえず、言葉もないが、四六時中見守り、働きやすいように多くの守護をつけて見守っているのだ。人間は、真の親の元に返る旅路を歩むべく、自分自身を立て直すと同時に、役目を果たして、役立つように歩み通すことである。「光のみち」は、真理を知って、次元上昇する道なのである。

42

地球創成後46億年の時が経過してもなお、地球全体の息吹は変わることなくすべての生命に注がれている。地球の息吹の源は光源・根源の光より頂いている。光源・根源の光がなければ地球は存在し得ない。大気圏一帯も光源・光源の光により調整されている。地球を守るためのバリアを形成している。偶然できたものではない。光源・根源の意志により形成され、与えられたものである。日々変化、代謝しながら役目を果たしている。地上も光によって守られ、変化、成長、進化の過程を与えられている。地下に目を移せば、地球創成以来の変化を地層として残し、その中に地球の歴史が光と共に刻まれている。大小の岩石の中にも刻まれている。地層の歴史的変化を人間に見せることで、人間の魂に地球の記録を知らせている。時に、神々が降臨した記憶も断層は知っている。地層深く眠っている神々の目覚めを促すのも、光源・根源の光である。人間の魂も同様である。人間は魂に光源・根源の光を積み上げながら輪廻転生の歴史を繰り返してきた。魂としての歴史層が埋められてきた。善悪両方のエネルギーを積み上げている。このことは個々の人間を守護してきた神々も知っている。地球も人間も、歴史の中で記録を持ちながら変化、成長、進化の過程を繰り返してきた。アセンションに向かい新しい次元に移行するには、余計なエネルギーを浄化しなければ先には進めない。「命の源」を知った上で、どれほど守られ、愛を注がれて今日があるかを顧《かえり》みて、創造主・光源明翔、神々に感謝すること。神々共々、新しい歴史が刻まれるよう務めあげること、これが人間の責任である。

43

アセンションに向けての計画は、留まることなく進んでいる。今は形として大きな変化は見せていないが、目に見えぬ波動は大きく変化してきている。地球と人間がこれまで永い間持ち続けていた古い波動は、これから先は否応《いやおう》なく新しい変化に対応できなくなっていく。アセンションを通過する際には、新しい波動への切り替えができていなければならない。強い、新鮮な、高いレベルの波動への変化は日々、年々、厳しい現象として示されていく。その波動に合わせられない者、波動調整できない者は、アセンションから脱落することになる。波動調整を乗り切るための手配は光源・根源の愛と光により、示されている。肉体の波動調整だけではなく、意識、魂レベルにも及ぶ。地球と人間の波動調整が確実に行われなければ、次の次元への移行はできない。言葉でわからぬ人間には天地の変化で知らせているが、そのことすらも気づかぬ者は救いようがなくなる。今の自分の波動レベルが、一年後どのように変化しているかを比較してみるとよい。その一年も惜しい時間なのだ。「光のみち」を歩む者は、さらなる肉体と意識の変化を体験することになる。創造主・光源明翔の光を頂き、導きの中で守られ、役目を果たさないかぎり、前進はさらに厳しいものとなる。創造主・光源明翔の光と導きの中に生きよ。その深さにより、個々の証を得るであろう。前進できる支えを頂き、光の柱を頂くことになるのだ。

44

魂が誕生した直後に与えられた光の輝きは、人間の歴史の中で変質して今日に至っている。変質した輝きを元に戻すため、多くの聖者と言われる人間を遣わしたが、改善できぬまま今日に至っている。人間は、数々の欲望を駆使しながら人間社会を維持し、悪エネルギーを蔓延させてきた。すべてを清算して、アセンションに臨まなければならない。人間界だけでのことではなく、地球、宇宙、神界にも及ぶことである。目覚めて、創造主・光源明翔の導きの下、人間としての役目を果たさねばならない。真実を知らなければ、動くこともできない。神の世界から見たこれまでの人間の社会は、幻想的な作り物の世界であった。悪エネルギーにコントロールされてきた世界であった。これまでは、真実を知ろう、目覚めようとしてもその窓口となるのは、物まね、借り物の寄せ集めで、もっともらしく語る者たちばかりであった。真実を隠そうとする意図的な悪エネルギーの引き込みであった。だが、物まねの時代、借り物の時代はもう終わった。目覚めるには、自らが唯一絶対の存在の導きに繫がるしか方法はない。創造主・光源明翔の導きを受け、光を注いで頂くしか方法はない。古き時代の役目はもう終わったのだ。いつまでもしがみついて幻想を見ていては、一歩も前に進むことはできない。古い柱を新しい柱に変えないかぎり、崩壊が早くなる。

45

光源・根源の光が注がれ、地球の浄化は進んでいる。地球は人間文明の歴史の中で、人間から受けたカルマを抱いている。自然界の中にカルマが埋もれている。光源・根源の光が注がれ、随時光が浸透した場から浄化の動きが起きてくる。火災、地震、風水害などの現象は、バランス取れないエネルギーが浄化しようと動き出しているのである。自然界の中に人間の恨み、怨念が潜在してきた何千年もの歴史があり、これからはそのカルマが浮き出して浄化されていく。起きる災害が人間の生活の中で不都合であっても、それは、過去の自分が起こしたカルマが原因となっている場合がほとんどである。土地一つとっても、地面の下にカルマ浄化ができずに怨念が埋まっているところが数多くある。浄化されずにいることがさらにアンバランスなエネルギーを引き寄せている。浄化が必要なところに光を注いで頂き、カルマを浮かび上がらせ、怨念の根を断ち切り、エネルギーを正常に整えて頂いている。創造主・光源明翔の役に立つことが今、存在する人間の役目でもある。

46

人間が輪廻転生の永い旅を続けてきたのは、人間が生存する意識レベルを上げるのが目的であった。だが、転生を重ねるごとにマイナスエネルギーの存在を知り、そのマイナスエネルギーを道具として人間をコントロールしようという、悪知恵を身につけるようになっていった。悪知恵を身につけることで、人間同士の競争の世界で生きることを覚えたのである。欲望というマイナスエネルギーをコントロールすることで、存在価値を手に入れようとしてきた。人間を統制することで、生死までも支配する妄想の世界をつくりあげた。さらには、これらを先導する者に権威という鎧《よろい》を着せることで、神以上の存在であるかのようにカモフラージュしてきた。悪の仕組みを作り上げ、権威と強制支配を入り口として、悪を拡散してきた。偽《にせ》の神を作るだけでなく、人、物、金に対しての権威と強制力を最上のものとして取り扱ってきた。悪は権威を入り口とし、善は導きを入り口とする。悪は、神をも引きずり降ろしてまで従わせ、道具として使おうとしてきた。次元移行を迎える時代となった今は、人間が作った権威の時代を捨て去り、光源・根源の光を中心とした尊い光の中に生きなければならない。自らが光を頂いて脱皮して、羽ばたく時である。そのために、創造主・光源明翔の光と導きが用意されているのである。

47

光源・根源の光を受けて輝き、役目を務めている神々や星々には、いずれも輝きの大小、強弱はあるが、人間で言うところの年齢というものはない。神々の意識には年齢というものはない。段階、波動のレベル、順序があるだけである。それらが整然と、バランスよく配置されている。どの段階一つとっても、欠落してはいけないのだ。人間の世界には年齢というものがあるが、魂や意識に年齢などはない。年齢が高いから魂レベルが高い、年齢が低いから魂レベルが低いなどということはない。幼い子供であっても、大人以上に輝く高い波動の魂を重ねている者もいる。年齢に関わらず、どのくらい魂を輝かせ、役目を務めているかが肝心なのだ。与えられた役目を終え、若くして人間界を旅立つ者もいれば、高齢になって身体が思うように動かなくなっても、立派に役目を務めている者もいる。持たされた魂の働きと輝きによって、人間界においての滞在時間が決められるのだ。人間の思考を外して意識を上げ、魂レベルで理解し、納得することが高次元意識に至る入り口である。魂の上下関係はない。あるのは、段階と役目の区分だけである。

48

人間にとって、黒の中に小さな白い点を見つけ出すのは困難である。白い中に小さな黒い点を見つけ出すことはたやすい。これまでの人間のほとんどは黒であったため、暗闇の世界で小さな明るさを見つけ出すことに時間がかかる。黒に同化している視覚に、明るさは見えにくいのだ。ましてや、自分が黒だと、すべてが黒にしか見えないのである。明るい白い世界では、暗闇の黒い点を見つけ出すのに時間を要さない。明るい白い光の中では、一瞬で判別できるからだ。善エネルギーに満たされている世界では、黒いエネルギーはすぐに判別できる。浮かび上がる黒を放置することなく光を注いで頂き、根にある黒いエネルギーを浮き出させ、浄化を急ぐことである。

白い世界での存在を許されることを目標に、歩みを速めることである。暗闇が多かった3次元世界と、アセンション後の5次元世界との差である。どちらの世界でどういう存在として許されるかは、今後の精進《しょうじん》の結果次第である。

49

宇宙も地球も、神も人間も、変化、成長、進化の過程を通ってバランスの取れた存在を許されている。人間は変化、成長、進化の過程を、自らが段階を区切って歩めるものではない。どこからどこまでが変化であり、成長であるかなど、知ることはできない。それらは一つの流れであって、留まっていないからだ。そこに境目はない。連続して動いている一つの河《かわ》の流れと同じである。変化が起こっても、即成長というわけでもない。変化した状態の中で何が変化しているのか、成長に繋げるにはどのような行動が必要なのかを鋭敏にキャッチして改善、修正していくことが必要である。変化を傍観しているだけでは成長にはならない。変化を捉える時の高い意識レベル、柱を持たなければ正しい判断はできない。人間の知恵だけでは進まないことである。注いで頂いている光源・根源の光が基準である。人間は正しい神意識を基準として学び、変化の取捨選択が必要であり、そうすることで、適正な導きが与えられる。改善、修正の努力を重ねて一段意識を上げることで、自ずと次の段階に向けて成長できるのだ。思考と感情という人間意識を使うと成長が遅くなるだけで、いつまでたっても進化に辿り着くことはできない。光源・根源の光に委ねて、光の中で流れていくと良い。

50

これまでの3次元世界では、時間空間を使って五感に反映する虚像を創り上げて受け入れさせてきた。初めはその世界で生きて、段階的に意識上昇するように生み出された法則であった。だが、新しい次元に移行するには、それ相応の魂と光とのバランスに切り替えていかなければならない。次元が切り替われば、これまでの虚像は消えてなくなる。実像は、五感を超越した第六感の世界で存在を確認できるようになる。今、人間の生きている3次元世界は虚像の世界であり、虚像を感じ、受け入れることで一喜一憂して、体験を積み重ねてきたのである。過去世のカルマに像はなく、魂の経験であり、マイナスエネルギーの塊《かたまり》である。その塊を光により溶かして浄化して頂いているのだ。大自然の中で見るものすべては虚像である。その背景に実像が存在する。実像の光は、虚像で感ずる何百倍も強い輝きを有する。混乱している世の流れも、その裏にある真実は、穏やかさを際立てた実像を見せるために、虚像を見せて気づかせようとしているのである。仁王像の憤怒《ふんぬ》の顔、姿、不動明王の炎の中の憤怒の姿は何を意味しているかを見透して、気づくとよい。実像を見極めるだけの意識の向上がなければ、いつも暗闇を見ていることになる。

51

人間は3次元世界で生き抜くために、己という存在を位置づけなければ土台がつくれないので、吾（ワレ）という概念を持つことを許された。吾が存在することで宇宙中心との繋がりができる。全体との繋がりにおける吾を区分したのだ。吾の存在の名称として個の我（ワレ）と表現することとした。個であり、存在を推し量るための基本である。個の存在、働きだけが単独で存在するのではない。あくまでも全体（宇宙）の中の個である。全体（宇宙）は天（アマ）であり、大我なのである。「ア」と「ワ」、それぞれ大小の「我」である。人間の言うエゴとは違う。小我は大我から分かれた魂である。やがて変化、成長、進化の過程を経ながら光に抱かれて、大我の光の中に溶け込んでいくのである。小我から大我へと旅が続いていく。その道程を歩み続け、アセンションしながら大我へ還るのである。これまでは自我を小我と取り違え、勘違いさせられ、勝手気ままに自我を強調してきた。悪エネルギーに取り込まれた歩みであった。大我の存在すら忘れて今日に至っている。自我を小我に変え、小我を大我に至らしめることができるか否かが、5次元世界に存在許されるかどうかの分かれ目となる。

52

光源・根源の光は全宇宙のすべてに注がれているが、そこにはいくつもの真理、法則の組み合わせをもって動いている。無作為に光が放たれているのではない。光の広がり方は一糸乱れぬ型を形成している。扇の要《かなめ》を上に向けた型を思い浮かべるとよい。扇状の何本もの骨、光のシャワーの中心、要はただ一点「光源・根源」である。光の分裂した系統の筋に従ってシャワー状に拡散されて降下していく。宇宙の真理が光となって連なり、降下していく。その扇一つの下にさらに多くのシャワー状の扇が存在し、連なりを構成している。無限に広がって下部へ伸びていく。その一つの扇が「地球」である。地球は、地球の光の広がりにそれぞれの地神、眷属、人間が連なって、崩れることのない扇状の光のシャワーを構成しているのだ。扇の骨一つでも歪み、曲がっていってはアンバランスとなり、やがて光の正常なシャワーも停止してしまう。どれ一つ欠けてもいけない。それぞれの役目のことを示している。すべてをバランスとって維持するのは、遡《さかのぼ》ってたどり着く「光源・根源の一点」の存在である。そこから無限の光のシャワーを整然と頂いているから、すべてが存在しているのである。その一点から地球、人間のアセンションのためにご降臨されたのが「創造主・光源明翔」である。直々に繋がりを頂けることがどのようなことなのか、扇を思い出すとよい。扇の一部分の役目をするのが人間の責務でもある。意識を高め、身をもって役目を果たすようにせよ。

53

人間の心ほど楽しくもあり、苦となることもあり、変幻自在のものはない。人間の心は勝手気ままに好き放題の動きをする。自分に都合良いと感じるものだけに興味を示し、あわよくばそのことすべてを完全に自分のものにしようという独占欲にかられる。自分に不都合なことは拒否する。これは日常の生活の中だけではなく、神々についても同様である。このままでは意識のステップアップができない。いつまでたっても新しい次元へ向けての準備などするつもりはないのか……。心に穏やかさを求めるのは、その裏に、乱れて悪波動に食い物にされ、思わぬ苦境ばかりを迎えてしまっている背景があるからだ。省みて謝罪し、守護神に向かった時の魂の叫びでもある。古き時代の過去世において、多くのカルマを積み上げてきたからでもある。その事実に疲れ果てて手も足も出ない状態を迎えている時でもある。人間は常に二元性の中に相反したものを抱え込み、人間意識を組成している。真の苦しみを体験した者でなければ、真の光を見つけ出せない時がある。苦しみを敵対視してはいけない。必要あって発生していると捉え、感謝するくらいの気持ちを持たなければ、強くはなれない。人との言葉の交流には「礼節と感謝」という真が込められるべきである。心の底からのものでなければ、相手を尊敬して交流したことにはならない。素直と謙虚さが求められる。

54

どんなに多次元の世界であっても光源、根源の光は不変であり、絶え間なくすべてに注がれている。人間の世界で推し量っても数え切れない無限なる年月、不変、永久なる光である。一瞬一瞬同じ光ではない。常に変化し、進化し続けているからだ。全く同じものが繰り返されているのではない。前日に起きたことと全く同じことが、今日、起きているのではない。必ず異なることが起きている。同じように感じるのは錯覚である。似たようであっても微妙に違っている。それが変化であり、その連続が成長となり、進化となるのだ。人間が意図的に後退しないかぎり、前に向かって動いている。その要所要所での支えとなるのは、光源・根源の光を確実に注いで頂いているということである。本人が意識しようがしまいが、愛の光で支えているのだ。昨日までのことは時の流れの中に吸収され、今日という日は新たなスタートである。新しく祝福されての生まれである。そのスタートが、創造主・光源明翔の光と導きに沿った一日になるかどうかで、先々の生き方が変わっていく。ただ気をつけるべきは、時の流れの中に吸収されたカルマだけは浄化しなければ、正しい変化、成長、進化の邪魔となる。新しい変化とカルマ返しを同時に務めることは容易ではないが、光と繋がっているかぎり、前進、向上する力は与えられる。光による収縮、膨張の循環で生かされている。進化している。しっかり足元固めよ。

55

光源・根源の光を頂いて生き続けてきた人間の歴史の当初は、とても清らかで純白、至善の心で生きていた。しかし時代が進み、生きるための戦いというものを知り、人間の成り立ちを忘れ、争いによる陣取り合戦と殺人の人間社会をつくりあげてしまった時代が永きに渡り、歴史を形成してきた。正しい神々さえも無視した人間を形成してしまった。悪エネルギーがはびこって活発化した時代が、何度も繰り返されてきた。人間が人間を統制する時代に突入して、皆がカルマを積み上げる世界が起こってきた。あまりのひどさに神々も我慢ならず、大きな文明も世界から抹殺したくらいである。人間が人間を統制するためのまやかしの教育は、今もなお続いている。誤った善悪の教育により、押し付けられた教育により、曲がった心の持ち主が多くなっている。

繰り返しの訓練が自分を変えることができるとして、随分と教育の上で訓練させられた。善も悪もどちらも繰り返すことで、その人間の性格として定着化してしまう。その定着化した性格自体が集中して事を起こし、止まらなくなる。そこに我、欲が付着し、一層悪エネルギーは大きくなり、手のつけようがなくなる。さらにそれが深まると、一種の精神病として表れる。なかなか治りにくいものだ。性格を変えることに恐怖を覚え、混乱を起こすからである。善の性格を目指して、務め上げるように。

56

光源・根源の光は、人間に差別なく日々注ぎ続けられている。呼吸している空気の中にも存在する光である。ほどよく注がれているために惰性的となり、意識することもなく、ごく当たり前のように受け止めている。呼吸する空気を常時意識する者はいない。光が注がれていることで、今の3次元世界に生かされているのである。人間だけではなく、地球上のあらゆる命を持つものすべてである。ただ受け入れるだけでなく、その光の力を源として動き、働きをもって、人間本来の役目を果たさなければならない。アセンション成就のための働きも求められている。選択の有無に関わらず、確実にアセンション突入が到来する。それにふさわしい動き、働きが必要となる。その道筋はすでに示されている。最初にして最後の、創造主・光源明翔の光と導きを得て歩むチャンスを頂いている。橋は用意されている。用意された橋を勇断もって渡りきることである。橋を渡る前から理屈、屁理屈を言って、大事な一歩を歩み出せずに躊躇《ちゅうちょ》している者が大勢いる。一歩踏み出したら途中で戻ることはできないのであるが、勇断もって一歩を踏み出し、集中して光に向かえば、意識しなくても進ませて頂けるのだ。黙して動かなければ、いずれ光の橋は立ち消えてしまい、次の次元へ渡ることはできなくなる。後悔しても二度とチャンスが訪れることはない。

57

自然、動植物、人間、神、星……光源・根源の光をあらゆるものが受け入れることで、そこに循環の働きが起こり、光が浸透していく。光の循環がないところに「変化、成長、進化」は無く、光相互の繋がりも無い。すべては、与えられた光の循環により存在を許され、働きを起こすことができる。この法則は「生きる」という存在を許されたすべてに適用されている。直接、間接どちらにおいても光源・根源の光を受け入れた後に循環が起こり、息吹として浸透し、変化に変わっていくのだ。地球の歴史も人間の歴史も、人間そのものの心身、魂も同様に、「光の循環」

により、生まれ変わりも生じるのである。人間の一日、一瞬も同じである。光の息吹が止まれば循環できず、命も止まる。光の息吹が循環することで、人間の細胞も新陳代謝させて頂けるのだ。人間の輪廻転生も同じである。輪廻転生という循環中に、循環の滞りをもたらすマイナスエネルギーを引き寄せ、痕跡《こんせき》として残したのがカルマである。カルマは正常な循環には不要だ。肉体上では「病」として光の循環の滞りが表れる。肉体だけではなく、意識、心にとっても、光の循環の滞りは成長、進化にとって不要であり、邪魔である。循環を円滑にするための光と導きを与えて頂き、アセンションに向けて務め上げるのが、「今」の人間の役目である。

58

人間の心は満たされるということを知らない。前向きに捉えるなら、変化をしながら成長に向かうための一つとして良いが、方向を間違えると単なる我欲に繋がる。不足という欲求不満を補うための感情的動きとなる。自分で自分をだますことで自己満足して、前進、成長したつもりでいる。自我による自己満足である。心にいつも満たされない思いがあり、不安と共に自信のない感情がむき出しになる。知識がなければ生きていけないという妄想を持ち、外から多くの情報を集め、集めた記憶をよみがえらせ、手段として使おうとする……文明の中の教育という制度で、そのように仕組まれてきたのだ。自らの体験による真理の学びではなく、他人様の知識の拝借であり、自分の力に相応しくないことばかりである。真に満たされる状態ではなく、不足、不安を生み出し、努力することがなくなり、知識がなくなれば苦しみの心しか味わえなくなる。堂々めぐりする。初めから満たされて生まれたのであり、初めから真の成長に連なる道しるべを与えられているのだから、光と高い意識に目覚めさえすれば、心を使って苦しむことはない。不足の意識で不足を満たそうとすること自体、無理なのである。不足を思えば不足がやってくる。満たされないと思えば満たされないことばかりが起きる。徹底して「光」にのみ集中してみよ。もう、人間界でのゲームは終了する時である。

59

光源・根源の光を受けた魂を与えて、光源・根源の計画に従って守護する神々をつけて、人間を誕生させた。肉体を選択しながら輪廻転生し、魂の変化、成長、進化の過程を歩むように手配した。ただ生まれるだけではなく、魂を柱として人間としての役目を果たすために生まれ出たのだ。どんな人間にも魂としての役目は与えられ、抱き続けてきている。与えられた資質を変えることは容易なことではない。光源・根源の許しを得て、必要に応じて魂を重ねることがある。向上していく進化の途中では、あり得ることである。輪廻転生の中で魂が傷つき、本来の魂の働きに支障をきたすこともある。しかし、愛の光を注がれて浄化することで傷も癒え、本来の働きをすることができる。そこに、人間は、魂を傷つけた謝罪と再び働くことができることへの感謝が必要である。そこに、人間の知恵などは及ばない、深遠な光源・根源の光が脈打つのである。それほど尊いことが起きているのに、光を拒否し、自らの命を低次元の世界に向けてしまう者が大勢いる。魂と肉体、および心のバランスが取れなくなった時に起こってしまう。それでもなお、光源・根源の光、並びに守護する神々は人間を見捨てることなく手を差し伸べているのだ。それなのに、そのことすらもなお拒否する者は致し方ない。自らが救いの手を振りほどいてしまうことは止められない。それ以上は干渉となってしまい、できないのである。自らの選択である。この世に生み出してくださった光源・根源の光のことを顧みて、改善せよ。最後のチャンスである。

60

人間のカルマは、輪廻転生の中で浄化されずに積み重ねられてきた魂に潜在しているものである。カルマ自体に力があるわけではない。カルマが動き出すには条件があり、その条件が満たされた時に動き出すのだ。光を当てて頂いてカルマを浮き上がらせ、その罪を謝罪した上で浄化の方向へと向かい、そこに光を注いで頂き、前進することができる。反対に、積み重ねてきたカルマと同質のカルマに引き寄せられて、さらにカルマを大きくしてしまうことがある。この境目にあって、人間として心からの気づきを得ることができるかどうかが、後退してしまうか、先に進めるかの分岐点となるのだ。カルマ自体に力はない。カルマを引き出して浄化するか、さらにカルマを積み上げるかどうかである。カルマに力をつけるのは、カルマという悪エネルギーを引き寄せる同質のマイナスエネルギーを、自分が持つ時である。マイナスエネルギーとは己の我と欲である。カルマ浄化に努めると同時に、カルマの上積みをすることのないよう、意識レベルを上げる努力をすること。決して容易ならざることではあるが、そこに愛を持って手を差し伸べてくださっているのが創造主・光源明翔であり、その光と導きなのである。徹底してカルマを浄化することが、5次元世界へ移行する絶対条件である。過去に戻ることはできないが、カルマを返すことで、過去世で濁らせた光を輝く光に切り替えることができる。過去世のカルマ返しは、唯一、創造主・光源明翔の光の中だけでのみ成し得ることである。今後の成長、進化の大きなカギとなるのである。

61

光源・根源の光は宇宙唯一絶対の中心であり、一点にすべてが包括されている。すべてを生かし、動かすことのできるエネルギーそのものである。有限、無限のすべてに対して……神々の世界、星々の世界もすべて、全宇宙の全次元までも構成している光である。物質、非物質にかかわらず、光の組み合わせにより働きが定められている。3次元世界における時の流れも、「光」が時間を生み出している元である。光が時間そのものではない。人間に与えられた光の経験値をいくつかの尺度によって統計づけ、自然の循環、経験の循環標示をもって時間単位が決められているのだ。時間は、人間が単位を与えて表現しているだけである。過去、現在、未来という概念も、表現として生み出しているだけである。経験平均値を制限付きの表現として「時間」と呼んでいるのだ。人間がつくった「時間という枠」に、人間自身が縛られ、身動きできなくしている。時間は、あらゆる面で束縛の働きをしている。人間がつくった時間に振り回されて、悪エネルギーを助長することもある。5次元世界では、拘束される時間は無い。時間を超越して「無」の中に、あらゆることの原点である「光」を見い出すことができる。3次元世界に生きるために時間は必要だが、3次元世界の時間概念のままで5次元世界に移行することは不可能である。今は、移行する準備を会得するための光と導きを頂いている最中である。時間を超えて集中する動きをさらに強めていくように。

62

人間が地に足をつけて立つことができるのは、光によってバランスを取って頂いているからである。人間や物質が宙に浮かずに落ち着いているのは、単なる力学なるものが原因なのではない。力学的な知恵はあくまでも、人間の仮説の知恵である。大気圏外に出た時には宙に浮いてしまう。地球、人間、すべてのものがバランス取って動け、役目を果たすよう生かされているのは、光源・根源の光により調整されているからである。地球の上からと下からの光のバランスにより、宙に浮かずにすんでいるのだ。この手配は、人間の力でできることではない。人間は、このような手配の中で創造されたのである。人間の肉体も同様である。人間自らが光から頂いたバランスを崩してしまうことで、人間が名づけた「病」というアンバランスを表してしまうのだ。本来備わっているバランスを崩すことで、輝きを弱いものにしてしまう。アンバランスをマイナスエネルギーによって修正しようとしてきたことで、墓穴を掘ってしまったのだ。カルマを積み上げることになったのである。そのカルマを浄化してバランスを取ることで正しい動きができ、新しい次元への移行の準備ができるようになる。準備を整え、創造主・光源明翔の光と導きにより、バランス取って、次の段階へ進めさせて頂けるのである。

63

「織物」は、縦糸と横糸を交互に組み合わせて一つの形を完成させている。正しい織り方ができているものは、どのような環境にあっても形を歪めることなく役目を成している。この真理は、多次元の神の世界にも言えること。順序、秩序を織りなしているが、今はアセンションを前にして、縦の繋がりを強固にしている。光源・根源の光を縦の流れに強く注ぎ、縦の揺るぎない柱を確立している。このことは人間にとっても同じである。人間個々の揺るぎない光の柱を確立させ、確固たる気持ちで「光のみち」の歩みを進めよ。常に光源・光源からの縦の流れに繋がる「光の柱」を持ち続けることである。日々一瞬一瞬の光の輝き、動き、導きに敏感であれ。見逃してはならない。感覚で追うのではない、内なる魂が受け入れるのである。

64

人間は生存するため、戦いに敗れないために防御するための多くの道具を身につけてきた。ある一定の限度では許されたことではあったが、誤ったレベルへと誘い込まれてしまった。人間同士の命の奪い合いにまで発展したことは、神々にとって不本意なことであった。肉体的なことだけではなく、我を持つこと、言葉で人を傷つけること、妄想をもって相手構わず攻撃する心理戦争もしてきた。自己満足の中に快楽さえ覚えて生きてきた時代が続いて、今がある。戦いのための仮面を被《かぶ》って、自分の内外に戦いを起こしてきたのである。悪エネルギーの影響を受けて、そのことが当たり前となっていたのである。だが、もう仮面は不要であり、邪魔であり、通用しなくなってきている。即刻、仮面を捨てること。真の姿になり、再び輝く魂の持ち主として復活する時である。アセンションするには必須のことである。もう、争うこともない。輝ける魂同士に仮面などは存在し得ない。仮面をしたままでは一歩も前に進めない。仮面の下の醜さを真の光の前にさらしてみよ。その瞬間、輝ける姿が現れる。これまで長いこと被ってきた仮面を脱ぎ捨てて、創造主・光源明翔の光と導きの中に心身を委ねる勇気だけが必要なのである。光によりすべてから守られるのだ。

65

光源・根源の光が遍《あまね》くすべてに注がれているという真理は不変である。人間は当初、純粋無垢な存在として生み出されたが、やがて、「我」をもって選択することを覚え、定められた道程を歪めることになった。人類としての罪の始まりであった。自分が選択して暴走してしまった痕跡は、消すことができなかった。輪廻転生で人間の数が増え、一定の方向へ動かすために、さらに罪をつくる社会という組織をつくっていった。光源・根源の光と導きにより歩むべきところを拒否して、人間が勝手に取り決めをつくり、人間が人間を統制する制度まで広めてしまった。都合の良い時だけ神の存在を利用した。束縛、抑制、規律など、生存することにあらゆる制限を課して、それに反する者を人間世界から抹殺するなどの大きな罪を犯してきた。これを改め、真の解放、浄化が必要となったのが、今である。これまで何度もチャンスが与えられたが、成就できなかった。アセンションを通過するために乗り越えるべき最後のチャンスである。目覚めよ。光源・根源の光のもとに集い、務め上げよ。新しい次元が待っている。

66

船は、これまで何度も港の出入りがあった。このたびはかつての港の出入りと同じようにはいかない。最後の航海となり、二度と再び港に戻ることはない。乗船に遅れれば、再度の船出はない。新しい世界を目指しての航海が始まる。世界で、乗船する魂たちも待っている。予定通りの乗船客が揃えられ、光の輝きは全体に繋がり、光で満杯となり、やがて一瞬にして次元上昇する。

今は、残された時間内に縁ある者たちが創造主・光源明翔の光と導きにより、乗船準備をする時である。乗船できるか否かは自らの選択と、頂く光と導きに素直に謙虚に従う行動力のレベルを評定されて、最後の切符を手にすることになる。導きの光に向かい、邁進せよ。

67

すべてを刹那的《せつなてき》に考え、起こった結果だけをとらえてそこに理屈をつけ、原因を追究し、起こったできごとを評価する人間が悪エネルギーを引き寄せることになった。人間の言う「科学の世界」も同じである。創作した法則に従うことを至上としてしまうのである。すべては何を根幹、何を中心として動いているかを全く無視しての人間の独善である。結果ではなく、今一瞬起こっていることの中の光を見いだすこと。光の中に存在しているという心境を深くもつこと。そうすることで、すべての根源を知ることができる。理屈で追究することではない。

68

神々はどこに存在しているのか？　神社、仏閣の建物の中、創作された像の中に存在するのではない。神社、仏閣のある特定の空間領域に、「光」として存在しているのである。人間の都合で、3次元世界の形あるものに神の存在を位置づけたのだ。古代には、形はなかった。自然界そのものを神として感じ入っていたのである。形ではなく、波動そのものを感じていたのだ。純粋に、シンプルに受け入れていた。神は物ではない。建物がなくなり、像がなくなったからといって、神が存在しなくなるわけではない。石が神なのではない。石に集中して凝縮された神の波動が放たれているのである。人間の欲を満たすために神々を引きずりおろし、助けを求めるだけの対象物にしてきたのが、ほとんどの人間である。それが人間の歴史であった。真の正しい神々の存在を明らかに認識すること、そして、神々は人間に何を託しているのか、さらに、宇宙のすべてがどのような存在を中心として動き、起こっているのかを認識し直すことが急務である。このことを教え、導くのが「光のみち」である。

69

光源・根源の光以外は真の光ではないことを深く認識せよ。光と見えるものは光源・根源の光から映し出され、分裂した光であって、本の光ではない。また、光に似せた偽物《にせもの》の光も存在する。唯一絶対の光源、根源の光のみが真の光である。それを見極める意識は、本来人間として生を受けた瞬間に持たされていたのであるが、汚れをつけてしまったことにより、希薄となってしまった。本の光を意識せよ。映し出された偽の光に目を向けてはならない。偽の光はすぐに褪《あ》せて変化していく。消えてはすぐに次の偽の光を見せてくる。目に映った時には即刻、その場で断ち切ること。真の光を積み上げた魂の持ち主には可能なことである。偽の光の輝きは鈍く、黒ずんでいる。その裏には牙をむいた悪の巣窟《そうくつ》が口を開けて待っている。宇宙のブラックホールを思い浮かべるとよい。周辺が光っていても中心は闇の世界であり、入れば二度と出られない。人間の世界にも悪の影響を受けた偽の光を宣伝し、人間の魂を食い物にするものが存在して人間を惑《まど》わしている。光源・根源の光を当てられ弱くなっているが、まだまだ蠢《うごめ》いている。揺るぎなき意識を持って、唯一絶対の真の光に向かって歩むように。

70

どのような存在にも、世に生まれ出る時には初めから相応しい意識、機能のすべてが備えられている。神々が勝手に生み出しているのではなく、光源・根源が息吹として注ぎ込み、光そのものによってすべてが備えられ、初めから決められているのである。神々は生まれ出た後の働きに補助を与え、導くのだ。人間であれば初めから光源・根源の意のままに魂が与えられ、肉体が与えられ、純粋無垢で生まれ出る。魂は備わっている機能を知っている。それを肉体に移し、どのように働くかを学んでいく。転生の繰り返しの中で、初めから持たされていたものに歪みを生じさせることもあった。初めは必要があって起きたものなのにその意味を取り違えて、本来乗り越えるべき導きを無視して、自らの欲によって調節しようとしたばかりに自らが混乱を招き、後始末せずに放置してきたのだ。自分で戦いを起こし、その戦いで多くの罪も犯してきた。それが汚れとなって残り、身動きできなくなってしまったのが、カルマである。変化から成長への道を閉ざすことになってしまった。目の前に起こることには意味があり、課題として解決して自ら前途を開いて進むべきところ、それを拒否して汚れとして残し、同じことを繰り返してきた。今、残した汚れを洗い流さなければ、やがてカルマの中に埋もれてしまう。生まれ出してくださった光源・根源に対する約束違反ともなる。カルマ浄化を進めよ。今ならまだ間に合う。

71

光源・根源の光を頂きながら本霊の元に返るまでに多くの階段がある。下から見上げれば、頂上がかすんで見えるほど多くの石段が続いている。100段ごとに一区切りとしていくつもの節目が印《しる》されている。一段一段着実に歩を進めることで、やがて確実に、頂上に到ることができる。後先を見ることなく、「今」を懸命に歩を進めるとよい。邪魔するものからは守られている。邪魔するものがあるとすれば、自らが作り出すマイナス意識だけである。光と共振する意識さえあればよい。どんなに時代が変わっても光輝いている石段である。神々も歩んだ道である。大きな区切りごとに光と色の配置が違って感じられるが、それは、「気」を鼓舞するためであり、背負ったカルマ浄化のためだと受け取るように。自らが持ち合わせているものを、強い光に馴染ませていくことである。下から見上げれば、石段の途中に大きな間隔をとって「観世音菩薩像《かんぜおんぼさつぞう》」が置かれている。「愛と光」をもって導き、元気をつけるために配置され、それぞれに手を差し伸べているのだ。さらに大きな間隔で、中央に「白銀の柱」が立っており、大きな印として強い「気」を放っている。目の前にそびえ立つような石段を一歩踏み出すごとに己の気が上がっていく。頂上には光源・根源の光の輝きと、本霊の奥宮が待っている。たとえ途中で大小さまざまな風雨が到来しても、浄化して頂いていると思えば良い。心して昇られよ。常に周辺には守護神が存在している。

72

次から次へと次元ごとに光源・根源の「光の橋渡し」が止まることなく行われている。瞬時のできごとであり、神々でさえ捉えることはできないほどである。その光はこれまでとは違うレベルのものであり、単なる切り替えとは違う。一層強く深く浸透する力を持ってすべてに行き渡っていく。それに伴う変化は起きる。成長、進化への変化であり、すべての星にも及んでいる。アセンションに向けての変動である。地球と人間にも及んでいるが、人間が実感するまでにはタイムラグがある。この変化に対応できる者だけが次の段階に進むことになる。創造主・光源明翔の光と導きに委ねて進めば、確実に道は開ける。正しい導きに歪みはない。純粋無垢な光があるのみ。誤りなき方向へ進むよう努めよ。疑義を感ずる者には歪みがおこり、悪の誘いがある。よく見極めよ。

73

人間は自分が自分の存在を認めることで、生きていると実感する。だがそれは一面である。今ここに自分があると思っても、それは肉体レベルのことであり、肉体を失くした時に困惑する。真理がわかっていないからだ。これまでは宗教的な話の中で、幻想的な世界としてもっともらしく伝えられてきた。それを実行しようとして、却って真理を歪めてしまい、成果を掴むことのできない無駄なことをしてきた。目を瞑《つむ》り呼吸を整え、「無」となって眉間に意識を集中すると、眼前に光の映像が表れてくる。初めは薄らいだものだが、やがてはっきりした輪郭が映し出されてくる。五感を使って捉えているのであるが、自分の内部に「光源・根源の光」を抱いているから映し出されるのであって、自分で作ったものではない。人間は、初めから「光」を持って生まれている。それが「自分」である。光が見えるのはその映しなのだ。光がなければ集中しても「光」は表れない。内なる「光の源」が不動にて存在しているからであり、それが「自分」という存在なのである。「光としての役目」を頂いて生まれ出たのである。

74

「自分という存在」をなぜ外に向けて誇示する必要があるのか？　自分を主張しなくても、全体の中の「個としての存在」は光源・根源が認めている。光源・根源以外の誰に認めてもらおうとするのか？「宇宙唯一の一点」に繋がり、光の中に存在が広がっているだけで十分なのだ。「個の存在」のまま静寂の中にあれば、神々の世界にも通じている。故に神々から守護を受け、見守られている。そこに「我」を自己主張することは、存在することの邪魔をすることになる。初めから光源・根源の光との繋がりは維持されているのに、歪めては何にもならない。我を出すとは、外部に対して抵抗する、争う、排除しようとすることから起きる。あるいは、自分の欲するままの状況を手にしようとする時にも起きる。本来は外に抵抗すること、争うこと、排除しようとすることが存在するのではなく、元々自分の魂に持ち合わせているものが表に出て、混乱を起こしてしまうのである。その跳ね返りがまた自分に降りかかってくるのだ。自分の内なる魂が積み上げてきた古いカルマがあるのに、あたかも外に害することがあると錯覚して戦いをしようとするのだ。自分の内部に戦いの種を抱いており、外にある同じような戦いの種を引き寄せて一人芝居をして、時には他人を巻き添えにしている。今、この状況を打開しなければ、カルマ清算をしなければ、先には進めない。光源・根源の光の中には存在を許されなくなる。

75

輪廻転生の旅の中で、「心を動かす」ことであらゆる行動をとってきた。行動の基本となる部分は「光」そのものであった。故に、いかなる時も光の導きに沿ってあらゆる存在との関わりを楽しんできたのだ。だがマイナスエネルギーを受け入れてしまった瞬間から心の動きを誤った方向へと歪めてしまった。一瞬一瞬の「今」という時の中で光に包まれていることを忘れて、「思考」を使って勝手な「我の動き」に身を委ねてしまった。生きるということまで歪めてしまい、偽りの宗教観に騙されてきた。「死」に対する恐怖さえもつくり上げ、将来への不安、恐怖、心の痛みをつくり上げ、益々光から遠ざかる動きばかり起こし、挙げ句の果ては自らを落とし込み、混乱を増幅させ、ついには役目を持って与えられた魂までも消し去ろうとする。今の一瞬は「光の中にある一瞬」であり、その一瞬に集中して生ききる「気」を献上することで、光と共に存在するための柱を見い出し、高い意識に戻る機会を得ることができる。感情を使わず、思考を止め、今一瞬の光を見い出せ。自分一人ではない。神々の見守りと守護の中に在ることを確信せよ。今頂いている大きな宿題をクリアしてみよ。

76

自分が置かれている環境がすべて自分の世界であり、それ以外は付随的にあるものだと感覚的に捉えて生活を続けている。常に、先に「我」があるのだ。生きているのであって、生かされているのだとは思わない。限定した枠の中で自分自身の立場を捉え、それよりも一歩でも外に出ようとはしない。自分がつくり上げた慣性に従って動いているだけだ。それは習慣というものであり、固定化された檻《おり》の中で営みを続けているだけである。そこに成長はない。「今」は大きな視野、宇宙的な存在感に立ち戻って、光源・根源から与えられた存在を再認識する必要に迫られている。なぜなら、いずれ近い時期に次の新しい次元への移行が起きるからだ。今のままでは対応不可能だからだ。今、地球の高速度の自転が起きているが、地球上にいる人間はその速度を感ずることができないでいる。停止してそこに立っているとしか思っていない。地球上にいて地球と一緒に動いているから、静止しているとしか思っていない。真実は、地球と一緒に生存できるように光源・根源の光が手配しているのである。それが普通だと思い、慣性化してしまっているのが人間なのだ。真理を知り、光源・根源の光を知ることで意識上昇はもとより、次の世界への移行準備をしていくことになる。目の前に起きているできごとの背景には、普段は知り得ていない真理が存在している。既存の自分を一旦離れて、無感情で見つめてみるとよい。過去を見たり現象を見るのとは違う。今現在の存在を見つめることで、真理の一片がわかってくる。我を捨て去った後に光の輝きの強さがわかってくる。創造主・光源明翔の愛と光による導きがわかってくる。今はその機会を与えられているのである。

77

宇宙の中心から注がれる光エネルギーは一定の場所に沈静しているものではない。循環し、変化、成長、進化の過程を経て光源・根源の光に乗ってバランスをとって宇宙を構成し、存在する個々に届くのである。光は常に動いている。個々は、循環の一つとして存在する中でエネルギーの分裂を起こし、成長、進化へと拡大されていく。人間の魂と肉体にも、宇宙の真理として埋め込まれている。唯一の本である光源・根源の光から存在を許された瞬間から、それは始まっている。細胞分裂は誰が指示しているのか？　人間はそれを科学という名のもとに追究し、解明しようとしている。人間の欲である。その宇宙の真理は解明できるものではない。神でさえ完璧に知ることはできないのだ。このことを、二度とない宇宙のアセンションの時期に人間界に知らしめようと、創造主・光源明翔が地球に降臨されたのである。今まさに、すべてが分裂から統合へ、個から全体へと向かっている。やがて存在を許された人間は、それぞれの魂の親元のところに返っていく。その時期は目の前に迫っている。ただ見物しているだけでは新しい次元への移行、意識の上昇はできないのだ。創造主・光源明翔の愛と光の中に存在を許して頂き、導きに委ねて成長することが急がれている。

78

光が循環して浸透することに抵抗してはいけない。人間の心で何かを操作しようなどと考えて行動してはいけない。完全に「光」に委ねきることである。ただ「光」のみを受け入れるとよい。それを邪魔するような小賢《こざか》しい行動をとってはいけない。まな板の上の鯉の心境でよい。光源・根源の光は、正しい循環をもって本来の姿へと導く。一段強さを増す途中に起きる一時の不調和波動に同調してはいけない。光と一体となって、不調和を俯瞰《ふかん》すること。不調和は別のところで起きていることであって、本来の自分ではないと断言することである。大きな嵐が起こっても、用を成したあとは自然と去っていく。誤った方向を垣間見てよそ見をしてはいけない。弱い光を強くしていくのは自己責任であり、その努力を怠ってはいけない。自己改善して乗り越え、器に徹する者となるように。

79

どんなに暗雲が漂い、太陽の光を遮《さえぎ》った時があっても、地球創成以来ずっと光源・根源の光は地球に注がれ、あらゆる生命を育んできた。すべてを突き抜けて天に地に浸透し続けてきた。地球が輝きを失わずに理想郷となるための躍動をしてきた。今まさに、新しい次元へ移行するために動いている。すべてに大きな変化が起きつつある。これまでの変化は、ほんの序の口である。3次元世界での時間単位からすると、あと10年の一区切りの中で本格的な変化が起きてくる。地上、地下の変化がさらに起きる。初めは緩やかなれど仕上げ近くには一気に起こる。人間も同じである。すべての人間が心身ともに変化が起きてきている。次元上昇のための波動調整である。万人が受けているが、その根本となる意識に気がつく者とそうでない者とに二分される。さらに、気づきのあと「光のみち」を見い出して目覚める者とそうでない者とに二分されていく。人間の考えなど及ばぬことである。今、大きな次元上昇の機会を与えられていることに目覚め、創造主・光源明翔の愛と光の中に身を委ね、「光のみち」を邁進するように。3次元人間界において、二度とない最後のチャンスである。

80

愛と光は別々ではない。一体化している。宇宙唯一絶対の創造主・光源明翔しかお持ちではない「源」そのものである。時間限定で地球に降臨されたのである。「愛と光」を一体化して地球上にくまなく注ぎ込んでいる。目に見えるものではなく、なおかつその強さを調整して注がれているだけに、人間が手に取るように確認できることではない。神々は「源」からの「愛と光」を表現するのが役目であり、神々に向かうことは創造主・光源明翔に向かっているのと同じである。創造主・光源明翔の「愛と光」の表現者が神々であり、神々もその「愛と光」の中に存在を許されているのだ。神々の源が創造主・光源明翔だという意識を外してはいけない。人間も神々と一体となって表現者の器になるのが本来の姿である。輪廻転生の歴史の中でマイナス意識を持ったために歪めてしまったものを改善して役目を与えられる魂の持ち主に回帰し、次元上昇するという司令を受けている。エネルギーがあっても育む愛がなければ成長はない。親鳥は全身全霊で卵を温かく抱き、雛として誕生させ、成長させて飛び立たせるがごとく、宇宙唯一絶対の愛をもって、今、「光のみち」を歩む者を育ててくださっているのである。「愛と光」の中に存在許されて、神々と共に真の表現者、器となれる機会を与えられていることは、億に一つ以上の希少な確率なのである。このことに最大の感謝と喜びを捧げよ。

81

光源・根源の光は、人間の細胞一つ一つに規則正しく注ぎ込まれている。成長、進化していく途中から、注がれた光は循環しながら心身をつくり上げていく。エネルギーが充満したあとは、チャクラの場所に光の色まで配置される。すべての細胞がバランスを取りながら、それぞれの機能する臓器までも形成している。「光のみち」を歩んでいる者は、色のついた光そのものとして見透すことができる。バランスもきっちり取れている。宇宙の星々と同じである。細胞も星々も、一個といえどもアンバランスであれば、全体のバランスを崩す原因となる。星々がきらめき輝いているのと同様に、本来の人間の心身も活き活きとした輝きをもっているのだが、中には濁った光でアンバランスな状態で存在する人間や神々もいる。適切な新陣代謝を行えるうちは問題ないが、いったんそこにマイナス意識を引き込むと、すべてが循環停滞するのである。成長、進化が止まり、滞りだけとなる。状況の改善をしなければ、その先は立ち行かなくなってしまう。原因となることの大小は関係ない。アンバランスは小さくとも大きく影響する。細胞が消滅するようなことが起きても、フォローできる力がなければ進展はない。光を得て、調整して頂いて細胞間のバランスを取り戻さなければ、光る魂には行きつかないのだ。創造主・光源明翔の愛と光の中、導きを頂くしかないのである。

82

星々も神々も、初めは「個」として光源・根源の元より生まれ出たが、その後それぞれの分裂を許されて同じ働きの系統として存在が広まることとなった。一つの神から分裂して、その働きを同質とする神々が分裂して生み出され、すべての存在とのバランスが取れるよう、順序、秩序が設けられた。レベルの高い宇宙神、創造神の存在する高次元においても同じであるが、特に地球上における地神とその眷属の神々は、分裂が多岐に渡っている。分裂があっても整然としたバランスが取れているからこそ、地球はこんにちまで存在し続けられてきたのであり、人間も地神、眷属神共々位置づけされてきた。しかし、マイナスエネルギーを受けてバランスを崩し、地球の輝きに悪影響を及ぼしてしまった。地神はもとより、さらなる責任は人間にあるのだ。人間がカルマを積み上げてしまったことで大きな問題を残してしまった。人間が悪のカルマを積むことで自身の波動も、一体となっている地神や眷属の神々の波動も、地球の波動も落としてしまった。アセンションを迎えるにあたって、人間はそれぞれのカルマを浄化することが絶対条件である。人間が重ねたカルマの影響は、分裂した魂たちにも影響している。重荷となっているカルマを浄化しなければ前には進めない。創造主・光源明翔の下に来たりて愛と光による導きを受けてみよ。上昇できる「みち」を与えて頂けるのだ。

83

地球と人間のアセンションのための変化は地球と人間を存在させながら行っていることであり、光の調整は愛を持って適切なペースで行われている。地球の浄化を一気に行うことも可能ではあるが、現状を維持しながら地球の生命体を損なうことなく行われている。これは奇蹟である。地球創成の時から地球には途切れることなく光源・根源の光が注がれ、宇宙の中でもひときわ光の輝きが強い星として進化してきた。地球外とのバランスも適切に保たれてきた。地球内部でも、光の循環により何層もの溶岩層を保ち、循環し、地球生命体を維持してきた。地球アセンションのため、地球外からの光と地球内の光との調整が一段と進んできている。新しい地球へと誕生する時が到来するのである。古いエネルギーは噴火を通して、地震を通して放出している。新しいエネルギーへと交換されていく。太陽風に対する磁気力にも力の変化が起きている。地球上の人間にも大小の変化をもたらしているが、その変化に耐えることができる者とそうでない者とに分かれる。創造主・光源明翔の愛と光の導きにより噴火、地震のエネルギーも分散され、小規模で済むように手配されている。地球生命体自体は、宇宙唯一絶対の光により宇宙真理に沿って成長、進化できるが、問題は人間であり、守護している神々である。最大限の数の次元移行を光源・根源は望んでいる。人間と、人間を守護している地神、眷属の神々は愛と光を満杯に受け、次元移行を目指して命がけの努めが必要である。魂の永遠なる存続がかかっているのである。

84

今、銀河系宇宙では地球の周りを多くの宇宙神が取り巻いて、創造主・光源明翔の愛と光の指示により、交互に地球に降りては役目を果たし、その後、元に戻って、次の出番まで控えている。今、地球はアセンション突入を目前にして多くの変化を起こしはじめている。地神も役目を果たすために、忙しく人間に働きかけている。光源・根源の光のことを知り、目覚めようとしている者に正しい波動を送りはじめている。そのために、宇宙神、創造神のバックアップも受けている。その意味で、昼夜を問わず地球外の神々が交互に地球と繋がり、支援をしているのである。地球の自浄作用はもとより地球外の神々の力添えにより、大小の成長、進化に繋がる変化が起きている。目覚めている人間にとって喜ばしいことである。創造主・光源明翔の愛と光に委ねて導きを受けることで、縁ある神々と一体となって務めることができるからである。人間本来の役目を果たすための前進を味わうことができるからである。今ほど、地球外の神々が地球に力添えする時はない。それほどまでに注目すべきアセンションなのである。心して歩まれよ。

85

宇宙真理の一つに「三位一体《さんみいったい》」という、働きの型がある。この真理は宇宙の中にも神々の中にもあり、あらゆる存在のバランスを取るようにできている。三位の一つ一つの位はそれぞれ働き、個性が違っているが、頂点に位置する一点に結びつき、その一点において一体となることで全体のバランスが取れるのである。宇宙においての頂点とは光源・根源の一点である。三位一体の中で統合されて、最大のバランスと働きが発揮される。三点が安定し、安定した三位一体が強固な働きを起こす。この三位一体の倍数のものが、さらなる安定した不動の型となる。古代の器

「鼎《かなえ》」がその型であり、神々に向かっての人間の「心技体《しんぎたい》」も同じ意味である。「天地人《てんちじん》」も同様である。古代の人間はこのことをよく認識し、定点を決定するにも三角点を一点に絞ることで決定していた。宇宙の星々の最低限のバランスは三角形である。キリスト教の聖書の中での言葉とされているが、光源・根源から下された宇宙の真理の型であり、人間が勝手に宗教性のものとして使用しただけである。「統合、統括、集約」の意味を持たせてある。すべてにおいて三位一体をもってバランスとれた働きを成すとよい。

86

アセンションに向かい、波動のレベルは一挙に変化する。今、地球上で持ち合わせているレベルを遥かに超えた波動へと変化する。今の波動レベルを次の段階の波動に合わせようとしても、容易なことではない。周波数の違う高周波数のドームの中に入って、人間が持ち合わせている周波数と合わせようとしても、金属音のような耳鳴りがして、頭がおかしくなってしまうのと同じような状態になるのだ。自分の波動に合わせた波動を求めるのではない。自分が高い波動に合わなければ、弾き出されてしまい、次の段階に行くことはできない。人間の言葉で病と名づけているることのほとんどは、波動の不調整によるものである。改善するには、正しい、本来あるべき波動に合わせていかなければならない。正しい波動とは、宇宙唯一絶対の存在である創造主・光源明翔の愛と光である。治すために頂くのではない。正常な機能が働く元の肉体に戻すのである。病ではなく、波動調整なのである。調整できるだけの根は頂いている。完璧に戻ったとしても、やがてはその肉体も半霊半物質の世界で、光そのものとなる歩みをはじめることになる。

87

アセンションは単なるエネルギーの上昇、切り替えではなく、すべてが変化して切り替わるのだ。光源・根源の光を注いで頂いているすべてが対象である。形あるものだけではない。人間でいえば、肉体だけの変化だけではない。3次元世界からすれば異次元世界である。切り替わる道程よりも切り替わる寸前の変化は、人間がいまだ経験したことのないことなのだ。一瞬にして切り替わる。その一瞬を迎える準備ができているかどうかである。限られた時間の中で心身の浄化と、許された器としての役目を務め始める状態に整えなければならない。心身共に切り替えるための光を与えて頂き、古いものを切り捨て、浄化する作業は絶対に欠かせないのだ。汚れて機能しない古いものを剥がし、新しいものを定着させなければならない。古いものを剥がすには痛み、苦しみが伴うことはある。しかし、それは幻であると達観して、巻き込まれないようにすることが肝心である。その先のことは、愛と光による導きに委ねれば、スムーズに取り運ばれるようになっている。自分が取り運ぶのではなく光の中に存在許され、光の中に溶け込むことで、すべての切り替えがスムーズに進行するのである。

88

宇宙の中の変化、成長、進化は一方通行ではない。循環という動きにより運行されている。宇宙の星々にとっても光源・根源の光を星々の中で循環させることで存在し続けられるのだ。これは息吹とも言える動きである。何十億年もの年月をかけて循環を重ねて、新しい循環へと向かっているのである。地球のエネルギーも、光源・根源の光をもって循環している。北極から南極へのエネルギーの循環により地球はバランスが取れて、成長、進化への道程を繰り返している。循環がなければ活動は与えられない。人間も同様である。光源・根源の光を頂いて存在を許された瞬間から、循環は起こっている。輪廻転生がそれである。光を頂き100年務め上げてやり残し、未達成の魂の状態をさらに100年務め、達成できるまで同じ繰り返しをする。頂いた光を「根」に落ち着かせ、大きく成長、進化するためにさらに100年で魂の展開、循環を繰り返し、新しい次元を目指して歩み続けるようになっている。中にはそれを拒否する者もいる。神々、星々、地球、人間……すべて光源・根源の光の循環の中で動き、魂、エネルギーの分裂、統合を含めて進化しているのである。それぞれの循環サイクル時間は大きく異なる。

89

新しい次元へ移行するには、今現在の心身の波動を光源・根源の光に合わせて起動することができなければ、アセンションの通過は難しくなる。輪廻転生の中で魂が生まれた当初に頂いた光を変質させてしまったため、そこから発する波動は随分と変質してしまった。マイナス意識を引き寄せたばかりに本来の正しい、高い波動は低下し、歪んだ低い波動の中でしか営みを続けてこなかったのだ。穏やかで輝く光の波動を、荒々しく輝きも薄くなった波動へと変質させてしまった。本来の波動に合わせられなくなったまま、「我」の意識を強めて低レベルの波動の持ち主となってしまった。それが正しいと教えられた時代が続いた。これまでの間違いを是正するために正しい心を全面に出し、悪心を一つ一つ消し去ることである。日常の営みの中で悪習慣となっているものを消し去ることである。周辺のあらゆる悪波動の元を洗い流し、消滅させていく努力が必要である。手抜きなどできないことである。本来の波動を蘇《よみがえ》らせるには、創造主・光源明翔の愛と光の導きがなければ達成することはできない。

90

人間は生きるための術として光源・根源から真理の法則を手渡されて生まれた。しばらくは真理通りに存在していたが、マイナス意識に遭遇することで真理に反する生き方を覚えてしまった。「我」を出す術を知り、そこに集中することが生きることだという錯覚の世界に入り込んでしまった。我を強めるに従い、自分の所有物に執着し、こだわるようになり、それに反作用するものには抵抗して争うようになってきた。余計なものを手放すことで与えられた真理が現実に起こり、それが真実だと知ることで本当の自分を知ることにもなるのだ。心に執着、こだわりがあるから手放すべきものを手放すことなく、苦しみをもってしまうのだ。手放すことで内外に対立は起こらなくなる。存在している世界には、自分のものというのは一つもない。自分のものではないのに、どうして執着、こだわりを持つのか？　必要な時に必要なことは起こる。自分が起こすのではない。宇宙の真理が顕れるのである。真理と対立することで真の変化、成長、進化の道程を歩むことはできなくなる。創造主・光源明翔の導きにより真理を歩むことができるのだ。自分が意図しなくても肉体の細胞は消滅と新生を繰り返している。そこに自分の執着はなく、こだわりは存在していないのだ。余計なことをすればバランスが崩れる。光に生かされ、存在し続けているのである。

91

光源・根源にとって、真理に基づいて新しいものを創り出すのは容易なこと。邪魔するエネルギーもなく、純粋無垢な存在を生み出すことができる。反対に古いものを淘汰《とうた》して消滅へ導くのも容易なこと。複雑なのは古きものを新しきものへ替えていくことである。古き存在を一旦消滅させて、新しい器に移すのは、簡単にはできないことである。一旦消滅させたものの全く同じ再生はできない。一つの存在を消滅させることなく古きものから新しきものへと徐々に変化させ、成長、進化させて切り替えていく必要がある。人間にとって、とても重要なことである。人間はもとより関係する神々、親元の神にとっても、とても苦労するところである。ここに、「光源・光源の永遠の愛と光」が必要だという大きな意義があるのだ。人間にとっても神々にとっても、育むこと、進化させることが最も重要なのだ。人間はこの「愛と光」の深さ、ありがたさをさらに知り、報いるだけの役目をしなければならない。それが人間全体にとって大きな前進、上昇に繋がるのである。心して歩めよ。

92

人間の歴史の中で思考を優先する時代に突入して以来、人間は自分の価値観を基に判断してきた。価値観次第で自分を変えていくが、その価値観が宇宙の真理に照らし合わせて正しいかどうかがわからないまま、自分の価値観が正しいのだと受け止めてきた。そのように思い込んで歩んできた。自分の価値観を基準として相対するものの善悪、正否を決めてしまう。自分の価値観に合わないものは正しくないとする。時には神々さえも悪にしてしまう……歪んだ「我」が成せることである。頑固に「我」を張り続け、多くのことを勝手気ままな自分の価値観で裁断し続ける。そこにカルマを発生させ、自らが背負って今日に至っている。カルマが重くのしかかってきている間はどんなに頑張っても先に進まない。「我」を捨て、「カルマ」を解消しないかぎりは、一つの成長もなく、進化することはできない。自らが引き寄せた悪波動とそれを基とした歪んだ価値観を持ち合わせている間は、次元移動など語ることさえ許されないのである。先ずは魂の生まれた瞬間の清浄無垢な状態に戻ることを目標として歩みながら、「我」を捨て、「価値観」を捨て、地球に直々に降臨された創造主・光源明翔の愛と光による導きに従うことである。すべてが解決されていく。チャンスは今しかない。

93

何度示されても理解できない者は、「道具」と「器」の意味の分別ができないのだ。分別できないところに成長、進化はない。「道具」の背景には悪波動が控えている。「道具」の背景にあるのは人間意識である。「道具」として悪に使われている間は「根」に人間意識を有して、善し悪しの感情の判断に基づいて服従している。「道具」としての働きを達成するために従うという行為を起こすが、それは盲目的な絶対服従を意味する。盲目的絶対服従が起こることでやがて存在そのものが無視され、用なしとされる。存在を無視された絶対服従により人間意識としての痛み、苦しみばかりが起きてくる。そこに喜びなど一つも無い。「器」は道具ではない。「器」の背景にあるのは神意識である。従うというのは創造主・光源明翔の愛と光による導きに沿って心身を献上する精神で「光のみち」を歩むことである。神意識の深さを味わうことができ、守護神共々一体となって役目を努め、喜びを手にすることができる。順序、秩序ある神々の世界を知った上で導きに沿って歩み、「無」になって努めるのが「器」である。光の中に輝く存在として許されるのが「器」である。悪波動の温床とはなり得ない。人間意識から神意識への変化を得るよう努め上げること。これまでのような「道具」になってはいけない。

94

宇宙の変化も進化も二度と同じことが起きているのではない。今は今の一瞬に起きている。全く同じことだけが起きていては、変化も成長も進化も無いということになる。神々も星々も同様である。全く同じという状態は停滞していることになり、停止と同じである。星の働きが停止すれば星々とのバランスが取れなくなり、他の星と衝突し、消滅していく。人間も同様である。今の自分は昨日の自分ではない。光源・根源神の光を注いで頂き、「生」としての循環をしているのである。存在意識を強くすることで成長へと向かっているのだ。山から平野へ、海へ流れる川は同じままの流れではなく、一瞬一瞬変化して流れ去っていく。その流れの中で働きを発揮している。人間の心から執着、こだわりを排除して浄化の働きを活発化すれば、上昇意識は光源・根源の光の通りに流れていくのである。

95

「光」という文字を見ると良い。宇宙の真理を示している。人間文化としての文字の意味、構成も古代より一筆一筆に形象をもって表現されている。その形象は神々よりメッセージを受けて人間が構成したものである。「火」も「水」も形としての意味を持たせている。それ以上に宇宙の真理を含ませてある。「光」という文字を分解してみると良い。中間に位置する横一線の直線は次元の境でもあり、上下を映す鏡でもある。時には透き通った鏡ともなる。下部の左右に開いた形象の右手は人間、左手は地神及び眷属、地球上の構成を表す。上部の三本の字体は宇宙の真理の中の三位一体の構成を表す。宇宙のすべてがバランス良く働くために、三位一体の原料に基づいて構成されている。三位一体を中心に集約すると光の中心の一点となる。さらにこの「光」という文字を創造主・光源明翔の光の掌《てのひら》に集約すると、宇宙唯一絶対の中心の一点となる。それが「光」の源であり、開けば光を放ち、閉じれば中心の一点となる。その開閉、すなわち息吹を表すことで唯一絶対のエネルギーが放たれ、すべてに存在の働きを与えるのである。「光」は輝くと同時にすべての存在の源となるのである。縁あるライトワーカーは役目を務めることでその一部を体験でき、意識の上昇へと導かれるのである。

96

地球の浄化とアセンションへ向けての胎動は日増しに強くなってきている。人間の知恵で地球の進化を推し進めることはできない。地球は地球の生命を育む母親の役目と、最後の切り替えをする父親の役目の両方を持って存在している。地球アセンションに向けての動きは北極圏、北半球から展開している。創造主・光源明翔がかつて北極点から南極点に向けて光を注がれたのはその意味もある。北極圏の氷山の変化、氷山面積、容積が減少している。固体としての重量も軽くなり、海水が増えていき、温度差で動いている海流の動きも変わってきている。重量変化で地軸の傾きに変化も出てくる。海底からメタンガスが噴出してくる。詳細は人間に知らされていない。今は北半球における浄化が進んでいる。神々も共に働いている。人間にも多くの浄化の型が発生している。光源・根源の光が集中して注がれている場がある。人間で例えれば松果体のようなもので、光の受発信する場の中心は「日本」であり、最中心は創造主・光源明翔の存在する奥宮である。世界地図の平面展開図を見ると良い。光の中心点であり、そこからすべての重要点と光で繋がっている。北極点、南極点とも繋がっている。その「奥宮」に所属し存在許されている者が、いかに重要な役目を背負っているかがわかる。大きな動きは適切な浄化が終われば落ち着く。案ずることはない。人間は光に尽くすための器として役目を努めることに集中するとよい。それがアセンションに向けての貢献にも結びつくようになっている。

97

地球へ向けての光源・根源の光の手配はこれまでになく太く、鋭く注がれている。重要な地点への届けが太くなっている。人間はこのことをまだ知らない。知らない方が良い。知ることで人間心を起こし、探求し、追求するからである。それぞれの地点に赴くことができるのはただお一方、創造主・光源明翔だけである。各々の地点はやがて知らされる。それまでに太き、強き「光の柱」として位置づけられる。時が到来し、一斉に連結する。新しい地球の序章となる。その連結の一瞬に耐え得るだけの人間が選択されつつある。これから本格的になる。その準備、スタートは並行して動いている。地上だけではない。海の底ではこれまで光源・根源から注がれて蓄積された光が黄金色に輝き始めている。次の次元への移行のための始動が始まっている。海面に輝く太陽の光と融合してさらに黄金色が輝きを増している。海から、地上からの黄金色の光が分散されていた光と結合し、時が至った時に天に向けて一斉に昇っていくのである。「天地人」すべてが一旦光源・根源の光の中心と一体となる。直後に一瞬に変わり次元移行への一歩となるのである。存在許される領域が展開し、光と一体となって位置づけも決まる。人間にとっては、新しい次元の世界に存在して役目を務めることになる。今は、最後の一瞬のための準備に入り、徐々に次元の変化を見せ、体験させている最中である。心して創造主・光源明翔の愛と光の導きを受けさせて頂き、動くことでよい。先々を予想する必要はない。今の一瞬を導きに従い、大事に、真剣に生きると良い。

98

宇宙の銀河の中の星団にも、今は切り替えの時期が迫っている。銀河同士の相互のバランスを取るために光源・根源の光を受けて、進化へと進んでいる。進化に至るまでに古い星は消え、新しい星が誕生している。地球も、銀河系の中での典型的な切り替えを迎えている星であって、その変化、成長、進化の過程は銀河系の中でも注目されている。地球上に存在する人間も選択された「光の元」なる者たちが同時に切り替える新しい次元の世界に生きるために今、集中して光源・根源の光を頂いているのである。宇宙中心唯一絶対の存在である創造主・光源明翔が直々の降臨をされて、愛と光をもって導きの手を差し伸べてくださっている。銀河系約3000億個恒星の中の「地球一個」に集中して注目されているのは、とてつもない目的が存在しているからである。創造主・光源明翔直々に地球に降臨して導きされている意味がそこにある。そのことを知ることで意識上昇のスタートとなる。努め上げよ。

99

今、すべてを生かし、存在させている光源・根源の光を絶ってしまうことで何が起きるかは、想像もできないことである。宇宙に存在しているすべてが無くなってしまう。命という命はすべて無くなってしまう。それほどまでに全宇宙を生かし賜《たも》う光を維持している中心が光源・根源であることを、しっかり認識することである。このことがわかっていない人間があまりにも多すぎる。今、人間が息をして生きている源のエネルギーは光源・根源の光であり、人間と共に光を受けている守護神が調整役となって、常に傍についているのだ。宗教性を持たせた神々とは全く別な神々である。宗教性を持たせた神々とは地神の下部の下部にある眷属の、単なるエネルギー体である。波動の低いエネルギー体である。人間は誕生の瞬間に光源・根源の光を注ぎ込まれて、役目を果たす魂として生み出された。人生での様々な経験を通して、必要な出会いを通して、変化、成長の過程を経ながら神々に近づき、やがて進化した姿を親神に見せるための長い旅をするのである。そこに至る間に、役目を務めるためのいくつもの課題を背負い、それをクリアして進化している姿を見せるのである。地球上に生まれた意義を与えられ、役目を果たすことで立ち位置を与えられるのである。存在し続けられる根は、光源・根源の光そのものである。根がなければ存在は許されないのだ。その意義はとても深く、偉大なことであり、人間が勝手に人間を止めるわけにはいかない。何故人間として誕生させて頂いたのかをじっくり顧みると良い。

100

地球上に光源・根源の光が行き渡り、自然界に存在するすべてのもの、人間をはじめとする生命を持つものすべてに永遠の息吹を与えている。単なる光だけではない。愛と光である。光はエネルギーであり、生命の「根」である。だが、それだけでは成長、進化を辿ることはできない。それに愛が与えられるから、育まれて進化に向かい、光の輝きが増大するのである。創造主・光源明翔の愛と光は一体となって、命あるものすべてに与えられている。宇宙唯一絶対の存在である創造主・光源明翔からのすべてに対する恩恵である。これがなければ繋がりある輝きの存在はないのだ。愛と光を受けているすべての存在がすべてに繋がり、全体となって「光の中」に存在するのである。全体の中での「個」としての役目を完璧に成し遂げることで、それぞれが本霊のもとに戻る時がくる。これまでの永きにわたる魂の旅に区切りをつけて、次のステップへと誘われるのである。愛と光があればこそ光の中に生かされ、役目を務めることが許される。人間にとって肉体を与えてくれた親の恩も大きいが、それ以上に大きいのは魂の旅を許し、愛と光をもって魂の成長、進化を促してくださった「光源・根源」であり、神界における「本霊」なのである。真の魂の親である。本霊に感謝し、進化の達成をもって親元に戻ることが務めでもある。

おわりに

根源神より人間へ

『人間に申す。至るところの滝を観よ。滝は上から下へと落差を以って勢い良く水の流れを落とす。上下の落差の光エネルギーとして発生し、表れている。目にはそのエネルギーは見えぬが、その氣は受け取ることはできよう。その上下の落差エネルギーは光として地に落ち、水を通して地の下に浸透している。そのエネルギーが、下から上へと滝を昇っていく様子をとらえたことがあるか？

下から上へと昇って、エネルギーはやがて空気を通して、天に向けて昇っていく。戴いている光の循環をおこなっている。地球の呼吸、息吹の一つでもある。

水の流れも、ただの水ではない。神々の氣の息吹、地球の息吹でもある。山も川も海もすべて、人間が作ったものは一つもない。光源・根源の光により、何億年もかけて創造されてきた。人間はその上に胡坐《あぐら》をかいて好き放題に荒らし尽くし、悪波動を広め、あとしまつせずに今日を迎えているのである。それらの罪は、償《つぐな》わなければならない。それぞれが相応に責任もって、動かなければならない。

気づき、省みるために何度も輪廻転生して魂を目覚めさせ、導きを戴きながら罪を償うよう、生かされているのである。生かされて、役目を担っていくのである。戴ける光を以って、神々の息吹とともに光の循環の中に存在許されるよう、努力続けてみよ。愛を以って光に迎えて戴けるのである。光に委ねて、歩み進めよ。』

『神界の中でも神聖な場所、「100次元光源」の扉が今、まさに開かれようとしている。扉の奥の光は益々大きく、輝き増している。

一連の「光の書シリーズ」の書籍は、これから光に乗って広がっていく。〈光の書シリーズ〉の書籍は、5次元地球・5次元世界の聖書である。創造主・光源明翔が地球に降臨されたことの証である。5次元にアセンションした人間が「光の書シリーズ」を読んで宇宙の真理を知り、驚きとともに「光の元」となって、目覚めていく。』

『5次元地球の扉を開く2036年までに、「創造主・光源明翔の光」に同化する「光の元」を揃えなければならない。「光の元」の高い波動のエネルギーが一つになって「創造主・光源明翔の光」に溶け込み、共にアセンションの扉を開くのである。光の元を導く神々は、人間の覚醒と行動に尽力せよ。』

以上

明翔がアセンションの扉を開く２０３６年まで、余すところ十三年となりました。今は、明翔の司令の下、すべての神々が一丸となってアセンション準備を進めているところです。

今回のアセンションは人間のアセンションであり、神のアセンション、光のアセンションであり、地球のアセンション、宇宙のアセンションであります。神のアセンション、光のアセンション、地球のアセンション、宇宙のアセンションには、人間の働きが大きく影響します。アセンションとは「切り替え」という意味があります。人間が魂の切り替えをする、意識の切り替えをすることで、人間が重ねている神が成長し、光がより大きく輝くことができます。

目に見えるものも見えないものも、ありとあらゆるものは「１００次元光源の光」から分裂して存在しています。人間の肉体を産んでくださった両親がいますが、人間が一体となっている魂の親は「神」です。神を生みだしたのは「根源の光」です。人間は魂の根っこに「光と愛」をもって誕生しています。人間はみな「神の子、光の子」です。

本書のタイトルに使った「絆」とは、「つながり」という意味です。神も人間も「光と愛」ですべて繋がっています。人間が想像できないくらいの数の星が天空に点在していますが、その星々も光を与えられることで存在しています。星が瞬く天空を「宇宙」と呼び、人間が生活する星を「地球」と呼ぶなら、星々を見守る「宇宙神」がおり、地球を見守る「地球神」がおり、人間を見守る「地神」がいます。そして、神々や人間がどこまでも成長できるようにと、光を送り続ける「根源神」がいます。すべては「愛」そのものである「100次元光源の光」に包まれています。

すべては目に見えない、縦横無尽に網の目のように張り巡らされた「光のネットワーク」、「光の絆」で構成された中で、息づいています。残念なことに、永い地球の歴史の中で光源・根源の光と愛を拒否して、光の絆から外れて闇の世界に居場所を落としたエネルギー体がいました。悪と化した意識体は人間界に潜り込み、人間の意識に入り込んで人間の精神性を落とさせ、人間の我と欲を増長させ、人間を悪の組織に組み入れて、人間を操ってきました。

人間が誕生した当初に与えられた光は輝きを失い、与えられた高い波動を落としてしまいました。アセンションの期日が決まった今現在は、人間の魂の輝き、地球の輝きを取り戻すために、役目のある「光の元・ライトワーカー」が懸命に働いています。光の元の人間だけが働けばいいのではありません。５次元世界には光を取り戻した人間、意識レベルを上げた人間しか生まれ変わることはできません。根源神は、新しい地球での「光のネットワーク」の組み立てを急いでいます。完成した「光のネットワーク」に沿って、人間や地球だけでなく、宇宙も星も光も、未来永劫成長し続けていきます。

神界には幾つにも分けられた次元があり、さらに、それぞれの次元は幾層にも分けられていいます。各層の横方向の繋がりは層毎《ごと》の神同士の光エネルギーの繋がり、縦方向は段階の異なる神同士の光エネルギーの繋がりとなっています。明翔は、先ず、神界の光のネットワークを整えます。整えられた神界のネットワークが、人間界に反映されます。

人間は、光の器です。神を重ねる器です。貴重な価値ある器になってください。今後の地球、宇宙の発展に貢献するだけの気骨《きこつ》、気概《きがい》、信念のある人間を「光のネットワーク」に組み入れていきます。

「光の絆」を強めるために前作『新・光の道 総集編』（幻冬舎）に、すでに「光の国」にアセンションして、日々明翔から送られる光を蓄えて「光のみち」を歩んでいる方々五十の魂の声を紹介しました。本書でも第二章で十八の魂の声を載せてあります。これまでは、人間は死んでも、魂は永遠に成長を続けることができるということを証明する術がありませんでしたが、実際に一足先に魂となって光の国に入り、日々送られる明翔の光を受け取り、蓄積させ、光のみちを歩む糧にしている魂のメッセージを読んで、皆様が多くの気づきを得て頂けますと幸いです。

次に紹介するのは、「光のネットワーク」の柱となる、地球神・国常立命のメッセージです。

『これまでの人間は悪のエネルギーを自ら引き寄せ、人間の我と欲により地球そのものを穢《けが》し、それ以上に、地神をはじめとする神々、そしてその眷属神までも引きずりおろして悪エネルギーに染まらせ放題、したい放題のことをしてきた。神々に対する謀反と大罪を犯してきたのである。それは、宇宙にまで影響を及ぼすほどのことであった。

宇宙の神々、地球の神々にもとうてい許されないこととして、人間が消滅されても致し方ないところにまできていたのである。この悪環境を改め、救済するのは人間の力では到底無理なこと、地神、地球神の力でできることでもないのである。アセンションも迫り、一人でも多くの人間が次元移行して、5次元世界で役目を果たせる人間となるようにと、光源・根源以下すべてを統括する唯一の存在である「創造主・光源明翔」が地球に降臨し、人間一人一人が犯してきた地球を穢した罪、魂の汚れを、「愛」をもって、罪、穢れの浄化のためにお働きくださっているのである。

創造主・光源明翔の、このお働きを戴かなければ、人間一人一人の魂を改善、向上させることは不可能である。人間と次元の下の神の力ではできないことを高次元の神を通して、創造主・光源明翔みずから動いて、後始末をしてくださっているのである。このお働きがなければ地球も地神もその眷属神も人間も、次の次元への切り替えは絶対にできないのである。

もう一度申す。光源・根源神、最高神はじめ宇宙神、神界のすべてを統括されている「創造主・光源明翔」の存在があればこそ、地球も星もその光をもって存在許されているのである。人間は自立心を育てよ。自らが決意し、徹底して妥協を許さぬ強い心で「光のみち」を歩んでみよ。そうすることで、創造主・光源明翔の後押しを戴けるのである。

創造主・光源明翔のご先導のもと、アセンションの扉を開ける働きに帯同する「光の元」の人選に入る。役目はすでに与えられている。魂は気づいていても、動かないのは人間である。今までの生活を切り離して、強く深く創造主・光源明翔の光を戴かなければ、その力を与えることはできない。勇んで名乗り出よ。待っている。』

以上

残された時間に、一人でも多くの方々が覚醒されますことを心より願っております。

創造主・光源明翔

著者紹介

明翔（めいしょう）

光のみちオフィシャルサイト
https://matsuha834.amebaownd.com/
光のみちオフィシャルブログ
https://ameblo.jp/matsuha834/

光《ひかり》の絆《きずな》

2023年1月30日　第1刷発行

著　者　　明翔
発行人　　久保田貴幸

発行元　　株式会社 幻冬舎メディアコンサルティング
〒151-0051　東京都渋谷区千駄ヶ谷4-9-7
電話　03-5411-6440（編集）

発売元　　株式会社 幻冬舎
〒151-0051　東京都渋谷区千駄ヶ谷4-9-7
電話　03-5411-6222（営業）

印刷・製本　中央精版印刷株式会社
装　丁　　鳥屋菜々子

検印廃止

Printed in Japan
ISBN 978-4-344-94261-5 C0095
幻冬舎メディアコンサルティングＨＰ
https://www.gentosha-mc.com/